用制度管人

yong zhidu
guanren

黄克琼 / 编著

吉林文史出版社
JILINWENSHICHUBANSHE

图书在版编目（CIP）数据

用制度管人／黄克琼编著 . —— 长春：吉林文史出版社，2018.11（2019.8重印）

ISBN 978-7-5472-5702-9

Ⅰ . ①用… Ⅱ . ①黄… Ⅲ . ①企业管理－人力资源管理 Ⅳ . ①F272.92

中国版本图书馆 CIP 数据核字（2018）第 258943 号

用制度管人

出 版 人　孙建军

编　　著　黄克琼

责任编辑　弭 兰　赵 艺

封面设计　韩立强

图片提供　摄图网

出版发行　吉林文史出版社有限责任公司

地　　址　长春市人民大街4646号

网　　址　www.jlws.com.cn

印　　刷　天津海德伟业印务有限公司

开　　本　880mm×1230mm　　1/32

印　　张　6

字　　数　150千

版　　次　2018年11月第1版　2019年8月第2次印刷

定　　价　32.00元

书　　号　978-7-5472-5702-9

前 言

如今，建立一套相对完善的制度，以约束人的行为，使大团体内的小团体、小团体内的个体都有一个可遵循的避免各种矛盾冲突的规则，已经成为现代企业管理的必然选择。因为人的能力、精力都是有限的，很难做到完全客观、公允。单凭经验、感觉，依靠"人管人"的方式已经不能满足现代化管理的要求，那不仅严重制约了管理科学化的进程，还影响着企业运行质量的提高，特别是与企业迅猛的发展速度不相适应。

用制度管人，管理工作会变得轻松。制定明确的岗位管理条例，让大家知道要做什么、怎么去做、怎么能做好；哪些事能做，哪些事不能做，这是一个企业成熟的标志，也是企业平稳发展的保障。大多数有争议的事情，只要看看条款中所规定的，大致就能明确方向，不仅易定归属，且能让人信服。

制度就是工作标准，是人们开展工作的一个尺度。而一个有效的、合理的、适合企业发展的管理制度，不仅能规范员工行为，提高员工的工作效率和质量，还能形成一种良好的企业文化。优秀的管理制度，有助于规范作业流程，形成融洽、竞争、有序的工作环境。这可以大大地提高企业的管理效率，提升企业的竞争能力。

　　一个可以传承的企业，绝对少不了制度，好制度的影响往往比好领袖更长久。所以，公司、企业的管理者需要以改革的勇气治理陈旧的管理理念及管理行为，把制度化、规范化作为公司、企业发展的重要战略；只有依靠规范的制度，才能使公司、企业与国际接轨，才能使公司、企业稳步前进、健康发展。

　　为了帮助企业管理者实现用制度管人的目的，本书以实用、灵活的原则为指导，以提高管理者的经营管理水平为宗旨，以为管理者提供高效的管理方法与技巧为目的，通过对许多成功企业的先进管理制度进行分门别类的遴选，介绍了员工招聘制度、员工培训制度、绩效考核制度、薪金福利管理制度、人力资源维护管理制度等实用范本，将抽象的管理理论融于科学具体的操作制度中，重点突出了制度规范、方案设计、表格范例，为企业提供了一整套科学实用的管理制度范本，真正把员工管理量化、细化。本书既可为办公室管理人员制定相关内部管理制度提供全面而有益的参考，也可直接引用，特别适用于日常的管理工作。无论您在管理员工的过程中遇到什么问题，都能在本书中找到解决的方案！

目录
CONTENTS

第一章　公事公办：别让制度成摆设

没有执行力，一切都是空谈 / 2

统筹全局作出决策，然后坚决执行 / 4

企业里的制度不是用来讨论的，而是用来执行的 / 6

严格遵循 PDCA 管理 / 9

实行"6S"标准 / 11

第二章　招聘策划

人力资源预测 / 16

人力资源供需预测的步骤 / 18

人力缺乏及人力过剩的调整办法 / 20

人力资源计划的制订与原则 / 23

员工招聘的步骤 / 26

第三章 人员选拔与评价

公司人员选聘操作规定范例 / 30

公司人员选聘测试制度范例 / 32

员工招聘的原则 / 35

人员招聘应注意的问题 / 36

心理测试与员工招聘 / 38

第四章 员工录用

员工聘用制度范例 / 42

人员录用的原则 / 44

录用前评估 / 45

录用决策及薪酬决定 / 47

劳动合同的法律依据 / 52

第五章 人员培训管理规范化制度

员工培训管理制度 / 58

公司职前培训制度范例 / 62

员工培训的途径和原则 / 66

员工培训的方法 / 69

第六章 培训开发计划的制订与实施

培训开发计划的内容 / 74

制订培训计划需要考虑的因素 / 76

制订培训开发计划的程序 / 79

培训开发预算的确定 / 81

培训计划书和培训计划表的编制 / 85

第七章 培训开发的效果评估与成果转化

培训开发效果评估的类型 / 90

培训开发效果评估的原则与内容 / 92

培训开发效果评估的一般流程 / 95

培训开发效果评估的方法 / 104

第八章 员工行为规范管理规范化制度

员工手册的编写 / 110

公司员工手册范例 / 111

公司员工行为规范范例 / 119

公司员工考勤规定范例 / 122

行政办公规范管理制度范例 / 127

第九章　文件处理及设备使用规范

复印机的使用规定范例 / 132

网络使用管理规定范例 / 133

长途电话使用规定范例 / 135

企业设备使用规范范例 / 136

第十章　印章、文书、档案管理规范

企业印章管理 / 142

介绍信、凭证的管理 / 144

印章管理制度范例 / 146

印章使用管理规定范例 / 148

办公室档案管理制度范例 / 150

第十一章　员工绩效考核管理工作

绩效考核的内容及形式 / 154

员工的业绩考核 / 155

员工的能力考核 / 158

员工的态度考核 / 161

员工的个性考核 / 163

第十二章 绩效考核管理规范化制度

绩效评估的程序 / 166

员工绩效评估的内容 / 168

制定考评制度 / 170

选择绩效考评者 / 173

绩效考评的信度与效度 / 175

绩效考评结果分析 / 177

第一章

公事公办：别让制度成摆设

没有执行力，一切都是空谈

　　好的决策是企业成功的前提，但是再美好的决策如果没有执行，那也只是一场空想。史玉柱对于自己团队"说到做到"的执行能力非常认同。他说："如果谁说我们的执行力差，他可以这么说，但我绝不会承认。每年大年三十，你可以到全国50万个企业和药店去看，别人早回家过年了，我们9000名员工依然顶着寒风在那里一丝不苟地搞脑白金促销。如果执行力不行，干劲从哪里来的？"

　　具有保障性的执行力，对于一个商业模式稳定、管理到位的企业来说，比创造的超越更为重要。从这个方面来讲，史玉柱是个典型的实用主义者。曾有人问他，现在的管理中，哪一样至关重要？史玉柱的回答仍然是"说到做到"。他认为："你只要承诺了，几月几日几点钟做完，你一定要做完，完不成，不管什么理由，一定会遭到处罚。往往越没本事的人，找理由的本事就越高。我们干脆不问什么原因了，你部门的事你就得承担责任，不用解释。所以现在大家都说实话，不搞浮夸了。"

　　为了落实"说到做到，严己宽人"这一理念，创造高效的执行力，他成立了专门的督察部，秉着"以客观所见为依据，大公无私，宁可错判，绝不放过"的原则，制定了一套严密的制度，组织专门人员进行落实。

在脑白金前期，督察实施相当严格，扣罚严厉，各市场人员几乎没有幸免的，甚至有些市场部门月月被罚。史玉柱组织的督察小组一年四季在外面悄悄进行市场纠察，一旦发现分公司弄虚作假或隐瞒问题，就会对分公司进行处罚。除了这支总部的督察小组，省级分公司也有督察小组查市级市场，市级督察小组又查县级市场。正是这种安排，使得脑白金的营销队伍在各终端都非常强势。

为了加强监督机制，史玉柱想出了新的约束方法。他要求各地的经理对他们承担的责任"互保"。这样，使担保人起到了相互监督的作用。刚开始做脑白金时，总部规定分公司要每天维护终端，上报各个终端的服务情况，漏报迟报一天罚5000元。有个经理根本不把总部的制度当回事，一个月都没报一次，按规定应被罚15万元。可那个经理的工资根本不够罚，怎么办？史玉柱就连着罚担保人的工资，以及担保人的担保人的工资，一直连罚了5层，直到罚足15万。正是有了这样严格的措施，史玉柱才树立了制度的权威性，保证了公司运作制度的准确执行。

在做《征途》游戏的时候，在竞争激烈的大城市，一般的网络游戏公司的海报能贴上去就已经不错了。但对《征途》员工来说，贴海报之前他就清楚地知道，这个海报所贴位置以及存在的时间都会有专人检查，所以根本不会有偷工减料、敷衍了事的想法。员工的执行力强，责任心重，达到的效果当然会很好。

执行力是一流企业和不入流企业的显著区别。一个企业的成功，三分之一靠策略，三分之二靠执行。正如软银公司董事长孙正义所说的那样："三流的点子加一流的执行力，永远比一流的点子加三流的执行力更好。"一流企业的执行力就像军队一样说一不二，这样有纪律的正规军打那些拖三拉四的杂牌军，想不胜利都是不可能的。

统筹全局作出决策，然后坚决执行

科学家们曾做过这样一个实验。在只有窗户打开的半密闭的房间里，将6只蜜蜂和同样数目的苍蝇装进一个平放的玻璃瓶中，瓶底朝窗户。科学家们发现，苍蝇们会在瓶中横冲直撞，不到2分钟，所有苍蝇就穿过另一端的瓶颈逃逸一空。蜜蜂们以为，出口必然在光线最明亮的地方，朝着那个方向一定会找到出口。于是，它们不紧不慢地行动着，然而等待它们的却是死亡。苍蝇们成功地逃离是因为它们懂得快速行动才能求得生存。

决策需要行动，没有行动的决策只能是一种想法，不能借助于行动的决策等于没有决策。有了决策就马上去行动，决策必须转化为行动，因为只有行动可以证明决策的价值。英国AJS公司副总裁普赛尔一针见血地指出："思虑过多会阻碍迅速行动。"组织确立了目标，制定了战略，作出了决策，却不执行，这和没有决策或者决策错误并无本质的区别。

作为企业的管理者，完成一个决策之后，首先就是要提醒自己：杰出的决策必须加上杰出的执行才能奏效。

1954年的一天，克罗克驾车去一个叫圣贝纳迪诺的城市，他看到许多人在一个简陋的餐馆外排队，他也停车排在后面，发现原来是一家经销汉堡包和炸薯条的快餐店，生意非常红火。

此时，克罗克已经52岁了，还没有自己的事业，他一直在寻找自己事业的突破口。他发现，快节奏的生活方式就要到来，这种快餐的经营方式代表着时代的发展方向，大有可为。于是他毅然决定经营快餐店。他向经营这家快餐店的麦当劳兄弟买下了汉堡包摊子和汉堡、炸薯条的专利权。

克罗克搞快餐业的决策遭到家人及朋友的一致反对，他们说："你疯了，都50多岁了还去冒这个险。"然而，克罗克决定了就毫不退缩。在他看来，决定大事，应该考虑周全；可一旦决定了，就要一往无前，赶快行动。行与不行，结果会说明一切，最重要的是要有行动。

克罗克马上投资筹建他的第一家麦当劳快餐店，经过几十年的发展，克罗克取得了巨大的成功，人们把他与名震一时的石油大王洛克菲勒、汽车大王福特、钢铁大王卡内基相提并论。这就是行动的结果。倘若克罗克在亲友的劝说下，放弃了他的决策，我们今日怎么可能见识到辉煌的"麦当劳帝国"呢？

管理者要善于决策，更要善于行动。行动才能出结果，要想使决策取得成功，就必须付出行动，而且，必须要在第一时间付出行动。成功不是靠等待得来的，而是将决策转化成行动的成果。管理者如何将决策转化为行动呢？

首先，必须在行动前明确无误地回答下列问题：决策必须要让哪些人知道？必须采取什么行动来贯彻落实？应由哪些人来执行？这一行动应该包含哪些内容、经验和标准，以便让执行决策的人有所遵循？

在决策执行的过程中，管理者必须设法落实以下两个方面的情况：第一，行动的责任要落实到具体执行人；第二，执行决策的人必须要有足够的能力。管理者对其下属的考核方式、考核标准及奖励办法都应该随着决策的执行而作出相应的调整，并要使这些考核成为决策执行的激励力量，而非影响执行效率的负面因子。

企业里的制度不是用来讨论的，而是用来执行的

柳传志有一句名言："爬喜马拉雅山，可以从南坡爬，也可以从北坡爬。联想一旦决定从北坡爬，大家就不要再争了，哪怕

北坡看似更远、更陡、更危险。"他的意思是，企业里所有的制度都不是用来讨论的，而是用来执行的。

业务员小张，被公司派往联想集团工作一段时间。第一天，一位部门经理接待了她。寒暄之后，他郑重地告诉小张说："你虽然是公司之外的人，但你既然来到本公司，在你工作的这段时间里，一切就按联想公司的人员看待，因此也希望你遵守公司的一切规定。"小张说："那是自然，入乡随俗。这样大的公司，没有制度不成席嘛。"部门经理介绍了公司的一些规定，最后提醒小张："联想成立以来，有开会迟到罚站的制度，希望你注意。"他的语气很严肃，但小张却没有太在意。

一天下午，集团办公室通知所有中层干部开会，也包括小张这些驻外业务代表。小张临时接了个电话，忘了时间。等小张想起来时，已经迟到了3分钟。她刚走进会场，就发现大家出奇地安静，这让她有点不自在。后来看见会场后面有个座位，她打算轻手轻脚地进去，以免打扰大家。

"请留步，按规定你要罚站1分钟，就在原地站着吧！"会议主持人站在会议台上，向她认真地说道。小张的脸顿时一片潮红，她只好原地站着，熬过了世上最难熬的1分钟。会议主持人说："时间到了，请回到座位上去。"接着大家继续开会，就像什么也没发生，而小张却如坐针毡。

会后，部门经理找到她："小姑娘，罚站的滋味不好受吧！其实你也别太在意了，以后注意就行了，我也罚站过，柳总也曾经罚站过。""老总也罚站啊？"她有点惊讶。"联想创建10多年来都遵守这个规定，无一人例外。有一次电梯出了故障，柳总被关在里面，他叫了很长时间才有人把他弄出来，他也只好认罚。'开会迟到罚站1分钟'也算是联想一种独有的企业文化吧。"部门经理对她说。

柳传志在很多场合说过："企业做什么事，就怕含含糊糊，制度定了却不严格执行，最害人！""在某些人的眼里，开会迟到看起来是再小不过的事情，但是，在联想，却是不可原谅的事情。联想的开会迟到罚站制度，20年来，没有一个人例外。"柳传志认为，立下的制度是要遵守的。他还说："在我们公司有规定，一定规模的会议，就是二十几人以上的会议，开会迟到的人需要罚站1分钟，这1分钟是很严肃地站1分钟，不是说随随便便的。"

不以规矩，无以成方圆。所以，所有的企业组织，就应有制度可依，同时还应有制度必依。制度不是定来给人看的，而是定来遵守的。无论是谁，只要是这个企业组织的成员，就应该受这个制度的约束，这样才能发挥制度的作用。

要想让员工遵守制度，管理者首先要管好自己，为员工们树立一个良好的榜样。言教再多也不如身教有效。行为有时比语言更重要，领导的力量，往往不是由语言而是由行为动作体现出来的，老板的表率作用尤其重要。正是柳传志以身作则，联想的其他领导人都以他为榜样，自觉地遵守着各种有益于公司发展的"天条"，联想的事业才得以蒸蒸日上。

严格遵循PDCA管理

PDCA管理法最早是由美国质量管理专家戴明提出来的，所以又称为"戴明环"。PDCA的含义如下：P（Plan）——计划，D（Do）——执行，C（Check）——检查，A（Action）——行动。对总结检查的结果进行处理，对成功的经验加以肯定并适当推广、标准化；对失败的教训加以总结，未解决的问题放到下一个PDCA循环里。以上4个过程不是运行一次就结束，而是周而复始地进行，一个循环完了，解决一些问题，未解决的问题进入了另一个循环，这样阶梯式上升的。

PDCA循环实际上是有效进行任何一项工作的合乎逻辑的工作程序，有人称其为质量管理的基本方法。

企业绩效管理经过持续"PDCA戴明环"的循环管理，最终应达到的目标是：

（1）培养企业优良绩效文化氛围；

（2）立足市场，业绩制胜，并维持螺旋上升；

（3）建立企业高素质、高效率的员工团队；

（4）鼓励并不断激励先进员工，健全优秀员工个人职业生涯规划；

（5）不断挑战、创新，为企业追求卓越成效；

（6）建立企业生产经营管理与人本管理相联系的循环系统。

绩效管理系统的PDCA循环正是涵盖了前馈控制、同期控制、反馈控制3个环节，从零开始，以滚雪球的方式不断循环，一阶段终点即为新循环的起点，螺旋上升。在系统中，员工不是处于简单的被管理和被监控的位置，而是将其积极性充分调动起来，参与企业绩效管理系统的建立与运行。系统强调的是员工绩效目标的提高和进步、员工个人及组织的共同发展。通过运行绩效管理，让企业和员工在发展过程中能明确目标，及时发现问题和解决问题，不断前进，提高员工满意度及成就感，并促使企业组织绩效的提高。

以销售任务的计划、组织、控制为例：每年年终，集团商流、各产品本部根据本年度的销售额完成情况，结合各产品的发展趋势及竞争对手分析等信息，制订下一年度的销售计划，然后将这一计划分解至全国11个销售事业部。销售事业部长根据各工贸上年的完成情况、市场状况分析等信息再将销售额计划分解至其下属各工贸公司。工贸公司总经理将任务分解至各区域经理，由他们将任务下达至区域代表，区域代表再将自己的销售额任务分解至其所管辖的营销网络。从时间纬度进行分解：年度计划分解至月度，月度计划分解至每日。处于管理层的每一位管理者就可以对其下属每日的工作状况进行监督，并及时进行纠偏控制，使管理者最终控制至每一个具体网点。这就区别于国内的一些公司只是将任务分解至每月，下达至相关责任人处，仅仅依靠对相关责任人的月度提成激励而不对其如何完成任务的过程进行控制的管理方法。海尔集团在新产品开发、上市、质量管理等所有方面都是遵循PDCA管理方法的。通过这种做法就可以保证"人人都管事，事事有人管"，避免出现管理的真空。

实行"6S"标准

6S活动起源于日本，并在日本企业中被广泛推行，包括清理、整顿、清扫、安全、规范、素养6个方面，其含义如下：

"清理"是改进工作现场的源头或开始，在进行清理时，还可参照以下更具体、更具操作性的分类管理方法，将物品区分为"常用，偶尔使用，不使用"3类，然后将：

（1）常用物品安置在现场；

（2）偶尔使用物品放在固定的储存处；

（3）不使用物品清除或处理掉。

"整顿"是衔接在清理之后的，在将不需要的东西移开后，对现场进行整顿，包括重新规划与安排，这是十分自然的。

"清扫"最好在整顿之后进行，这3项工作是关联的，有次序的。

　　"安全"不仅仅是意识，它需要被当做一件大事独立、系统地进行，并不断维护，安全工作常常因为细小的疏忽而酿成大祸，光强调意识是不够的。

　　"规范"是上述基本行动之外的管理活动。对于大多数管理不善的工作场所，上述的工作通常得不到完整、系统的重视，或偶尔为之，不能长期坚持。在开始强调和实施6S时，造一些声势，搞些运动，让大家都动起来，重视起来，只要实施得力，总是能在短期内迅速改变工作现场的面貌。然而，运动的缺点就是来得快，去得也快，工作现场的良好状态是需要时刻保持的，从管理方法的角度说，要想长期保持好的做法，就应当将有关的方法和要求总结出来，形成规范与制度。所以，6S中的"规范"就是要将运动转化为常规行动，需要将好的方法、要求总结出来，形成管理制度，长期贯彻实施，并不断检查改进。

　　"素养"，是6S中最独特的一项要素，也是其精华之处。前5项要素都是十分鲜明的"行动要素"，其中1～4项是现场改善的行动，第5项将现场改善上升到系统的、制度的层面，而第6项，进一步上升到人的意识这个根本。对于人，制度是外在的、强制性的。更彻底的保障是将外在的要求转化为员工主动的、发自内心的行动。也就是变规定、要求为人的意识、习惯，素养一旦养成，将潜移默化地、长期地影响人们的工作生活质量。素养是建立在人的意识之中的，提高素养需要进行培训、宣传，并有效地运用奖罚、激励等辅助手段。

海尔的生产车间全部都将6S贯彻到位。在海尔每一个车间的入口处或作业区显眼的地方，都有一块60厘米见方的图案，红线框着的白方块上印着一对特别显眼的绿色大脚印，海尔人简称它"6S脚印"。脚印的上前方高悬着一块大牌子，上面写着"整理、整顿、清扫、清洁、素养、安全"几个大字。

海尔对6S的理解是，"整理"的含义是留下必要的，其他都清除掉；"整顿"的含义是有必要留下的，依规定摆放整齐，加以标识；"清扫"的含义是工作场所里看得见看不见的地方全要清扫干净；"清洁"表示维持整理、清扫的成果，保持干净亮丽；"素养"表示每位员工养成良好的遵守规则的习惯，有美誉度；"安全"表示一切工作均以安全为前提。

每日班前班后，班长带领大家在这里对工作进行讲评和要求，如果工作中有失误的地方，可以站在脚印上检讨自己的工作，与大家沟通，以期得到同伴的帮助，更快地提高；表现优秀的员工可以站在脚印上讲述自己的经验，把自己的体会与大家共同分享。

海尔不但在国内贯彻6S，而且还把6S大脚印搬到了海外的海尔工厂。下面是海尔美国南卡工厂的6S班前会的一个片断。

一管理人员说："按照6S的要求，我们每天要对现场进行清理。做得比较出色的，今天我们把她请出来，希望大家能够按照她的方式，严格处理自己的工作现场。"

一位女工走出队列，站到了两个大脚印上，说："今天站到这个地方我非常激动。我注意安全、卫生、质量，在这方面我尽了最大的努力。对我表扬是工厂对我的工作的认可，我非常高兴。在今后的日子里我会继续努力，为海尔贡献我的力量。"

像这样的6S班前会在所有海尔海外工厂每天都必须召集一次，工作表现优异的员工要站在6S大脚印前面向同事们介绍经验。

6S是海尔本部实行多年的"日事日毕，日清日高"管理办法的主要内容。每天工作表现不佳的员工要站在6S大脚印上反省自己的不足，海尔称这种做法叫"负激励"。

不过6S这样一套在海尔本部行之有效的办法在美国的实施上却遇到了法律和文化上的困难，美国的员工根本不愿意站在什么大脚印上充当"反面教员"。6S班前会这种富有特色的海尔管理方法在漂洋过海后开始了它的本土化过程。"负激励"变成了"正激励"，争强好胜的欧美员工们，很乐意站在大脚印上介绍自己的工作经验。站在大脚印上的演讲者越来越多后，车间里的烟卷和收音机也逐渐消失了踪影。

6S班前会的欧美做法很快又传回了海尔本部。现在每天站在青岛6S脚印上的也是表现优异的员工。

第二章

招聘策划

人力资源预测

预测是指对未来环境的分析。人力资源预测是指在企业的评估和预言的基础上，对未来一定时期内人力资源状况的假设。人力资源预测可分为人力资源需求预测和人力资源供给预测。需求预测是指企业为实现既定目标而对未来所需员工数量和种类的估算，供给预测是确定企业为实现既定目标而可以提供的员工数量和种类。

人力资源有许多种预测方法，常用的方法有经验预测法、现状规划法、模型法、专家讨论法、定员法和自下而上法。

1. 经验预测法

经验预测法是人力资源预测中最简单的方法，它适合于较稳定的小型企业。经验预测法，顾名思义，就是用以往的经验来推测未来的人员需求。不同的管理者的预测可能有所偏差，故可以通过多人综合预测或查阅历史记录等方法来提高预测的准确度。要注意的是，经验预测法只适合于一定时期内企业的发展状况没有发生方向性变化的情况，对于新的职务，或者工作的方式发生了大的变化的职务，不适合使用经验预测法。

2. 现状规划法

现状规划法事先假定当前的职务设置和人员配置是恰当的，

并且没有职务空缺，所以不存在人员总数的扩充。人员的需求完全取决于人员的退休、离职等情况的发生。所以，人力资源预测就相当于对人员退休、离职等情况的预测。人员的退休是可以准确预测的；人员的离职包括人员的辞职、辞退、重病（无法工作）等情况，所以离职是无法准确预测的。通过对历史资料的统计和分析，可以更为准确的预测离职的人数。现状规划法适合于中、短期的人力资源预测。

3. 模型法

模型法是通过数学模型对真实情况进行实验的一种方法。模型法首先要根据企业自身和同行业其他企业的相关历史数据，通过数据分析建立起数学模型，根据模型确定销售额增长率和人员数量增长率之间的关系，这样就可以通过企业未来的计划销售增长率来预测人员数量的增长。模型法适合于大、中型企业的长期或中期人力资源预测。

4. 专家讨论法

专家讨论法适合于技术型企业的长期人力资源预测。现代社会技术更新非常迅速，用传统的人力资源预测方法很难准确地预计未来的技术人员的需求。相关领域的技术专家由于把握技术发展的趋势，所以能更容易对该领域的技术人员状况作出预测。为了增加预测的可信度，可以采取二次讨论法。在第一次讨论中，各专家独立拿出自己对技术发展的预测方案，管理人员将这些方案进行整理，编写成企业的技术发展方案。第二次讨论主要是根据企业的技术发展方案来进行人力资源预测。

5. 定员法

定员法适用于大型企业和历史悠久的传统企业。由于企业的技术更新比较缓慢，发展思路非常稳定，所以每个职务和人员编制也相对稳定。这类企业的人力资源预测可以根据企业人力资源现状来推比出未来的人力资源状况。在实际应用中，有设备定员法、岗位定员法、比例定员法和效率定员法等几种方式。

6. 自下而上法

自下而上法就是从企业组织结构的底层开始的逐步进行预测的方法。具体方法是，先确定企业组织结构中最底层的人员预测，然后将各个部门的预测层层向上汇总，最后制定出企业人力资源总体预测。由于组织结构最底层的员工很难把握企业的发展战略和经营规划等，所以他们无法制定出中长期的人力资源预测。这种自下而上的方法适合于短期人力资源预测。

人力资源供需预测的步骤

人力资源需求预测分为现实人力资源需求预测、未来人力资源需求预测和未来流失人力资源需求预测3部分。具体步骤如下：

（1）根据职务分析的结果，确定职务编制和人员配置。

（2）进行人力资源盘点，统计出人员的缺编、超编及是否符合职务资格要求。

（3）将上述统计结论与部门管理者进行讨论，修正统计结论。

（4）该统计结论为现实人力资源需求。

（5）根据企业发展规划，确定各部门的工作量。

（6）根据工作量的增长情况，确定各部门还需增加的职务及人数，并进行汇总统计。

（7）该统计结论为未来人力资源需求。

（8）对预测期内退休的人员进行统计。

（9）根据历史数据，对未来可能发生的离职情况进行预测。

（10）将第8、9项统计和预测结果进行汇总，得出未来流失人力资源需求。

（11）将现实人力资源需求、未来人力资源需求和未来流失人力资源需求汇总，即得企业整体人力资源需求预测。

人力资源供给预测分为内部供给预测和外部供给预测两部分。具体步骤如下：

（1）进行人力资源盘点，了解企业员工现状。

（2）分析企业的职务调整政策和历史员工调整数据，统计出员工调整的比例。

（3）向各部门的人事决策人了解可能出现的人事调整情况。

（4）将第2、3项的情况汇总，得出企业内部人力资源供给预测。

（5）分析影响外部人力资源供给的地域性因素：

① 公司所在地的人力资源整体现状。

② 公司所在地的有效人力资源的供求现状。

③ 公司所在地对人才的吸引程度。

④ 公司薪酬对所在地人才的吸引程度。

⑤ 公司能够提供的各种福利对当地人才的吸引程度。

⑥ 公司本身对人才的吸引程度。

（6）分析影响外部人力资源供给的全国性因素：

① 全国相关专业的大学生毕业人数及分配情况。

② 国家在就业方面的法规和政策。

③ 该行业全国范围的人才供需状况。

④ 全国范围从业人员的薪酬水平和差异。

（7）根据第5、6项的分析，得出企业外部人力资源供给预测。

（8）将企业内部人力资源供给预测和企业外部人力资源供给预测汇总，得出企业人力资源供给预测。

人力缺乏及人力过剩的调整办法

人力缺乏的调整办法如下：

1. 外部招聘

外部招聘是最常用的人力缺乏调整方法，当人力资源总量缺乏时，采用此种方法比较有效。但如果企业有内部招聘、内部晋升等计划，则应该先实施这些计划，将外部招聘放在最后使用。

2. 内部招聘

内部招聘是指当企业出现职务空缺时，优先由企业内部员工调整到该职务的方法。它的优点首先是丰富了员工的工作，提高了员工的工作兴趣和积极性；其次，它还节省了外部招聘成本。利用"内部招聘"的方式可以有效地实施内部调整计划。在人力资源部发布招聘需求时，先在企业内部发布，欢迎企业内部员工积极应聘，任职资格要求和选择程序和外部招聘相同。当企业内部员工应聘成功后，对员工的职务进行正式调整，员工空出的岗位还可以继续进行内部招聘。当内部招聘无人能胜任时，进行外部招聘。

3. 内部晋升

内部晋升是当较高层次的职务出现空缺时，优先提拔企业内部的员工。在许多企业里，内部晋升是员工职业生涯规划的重要内容。对员工的提升是对员工工作的肯定，也是对员工的激励。由于内部员工更加了解企业的情况，会比外部招聘人员更快地适应工作环境，从而提高了工作效率，同时节省了外部招聘成本。

4. 继任计划

继任计划在国外比较流行。具体做法是，人力资源部门对企业的每位管理人员进行详细的调查，并与决策组确定哪些人有权利升迁到更高层次的位置。然后制订相应的"职业计划储备组织评价图"，列出岗位可以替换的人选。当然，上述所有内容均属于企业的机密。

5. 技能培训

对公司现有员工进行必要的技能培训，使之不仅能适应当前的工作，还能适应更高层次的工作。这样，就为内部晋升政策的有效实施提供了保障。如果企业即将出现经营转型，企业应该及时向员工培训新的工作知识和工作技能，以保证企业在转型后，原有的员工能够符合职务任职资格的要求。这样做的最大好处是防止企业的冗员现象。

人力过剩的调整办法如下：

1. 提前退休

企业可以适当地放宽退休的年龄和条件限制，促使更多的员工提前退休。如果将退休的条件修改的足够有吸引力，会有更多的员工愿意接受提前退休。

2. 减少人员补充

当出现员工退休、离职等情况时，对空闲的岗位不进行人员补充。

3. 增加无薪假期

当企业出现短期人力过剩的情况时，采取增加无薪假期的方法比较适合。比如规定员工有一个月的无薪假期，在这一个月没有薪水，但下个月可以照常上班。

4. 裁员

裁员是一种最无奈，却最有效的方式。在进行裁员时，首先制定优厚的裁员政策，比如为被裁减者发放优厚的失业金等；然后，裁减那些希望离职的员工；最后，裁减工作考评成绩低下的员工。

人力资源计划的制订与原则

所谓人力资源计划，是指企业为了达到战略目标与战术目标，为了满足未来一段时间内的人力资源质量与数量方面的需要，根据目前的人力资源状况，对决定引进、保持、提高、流出人力资源所作的预测和相关的工作。

人力资源计划主要可以分为两类：战略人力资源计划和战术人力资源计划。战略人力资源计划主要是指3年以上的人力资源计划，是为了达到企业的战略目标而制订的人力资源计划。战术人力资源计划是指年度人力资源计划，是为了达到企业的战术目标而制订的人力资源计划，较多地考虑企业目前的发展以及相关的经济微观因素。

科学地制订人力资源计划一般分为4个步骤：确定愿景、制订战略规划、制订年度计划、制订人力资源计划。

1. 确定愿景

愿景是20年、30年，甚至是50年的长期目标，可以用一两句话来描述。愿景非常重要，没有愿景，企业就没有努力的方向，其他的计划都是无效的。

2. 制订战略规划

在制订愿景的前提下，企业应该首先制订好战略规划，也就是说要明确地知道企业在3～5年内要达到什么目标。

3. 制订年度计划

制订好战略规划后，就可以制订企业的年度计划了，也就是说企业应该明确地知道1年内要达到什么目标。

4. 制订人力资源计划

企业有了年度计划后，接下来就是制订人力资源计划了。制订人力资源计划共有4个步骤：收集有关信息、预测人力资源需求、预测人力资源供应和编制人力资源计划。

（1）收集有关信息。主要收集外部与内部的信息。外部信息主要包括：宏观经济发展趋势、本行业的发展前景、主要竞争对手的动态、相关科学技术的发展动向、劳动力市场的变化、政府的法律与政策、人口发展的趋势、社会发展趋势、文化风俗习惯演变等等。内部信息主要包括：企业发展计划、企业憧憬的变化、企业领导层的更迭、人力资源成本的变化、生产流水线的变化、销售渠道的变化、融资能力的变化等等。

（2）预测人力资源需求。根据收集来的信息，运用一定的方法，我们就可以较正确地预测在未来的一段时间内对人力资源的数量和质量的需求。

（3）预测人力资源供应。根据收集来的信息，运用一定的方法，我们也可以较正确地预测在未来的一段时间内人力资源的数量和质量的供应。如果供应大于需求，就要考虑流出一部分人力资源；如果需求大于供应，就要考虑引进一部分人力资源。当然，培训员工、改变计划、调整报酬系统等也是可以运用的手段。

（4）编制人力资源计划。一份完整的人力资源计划至少应该包括以下几个方面：计划的时间段、计划达到的目标、目前形势分析、未来形势预测、计划事项、计划制订者和计划制订时间。另外，一定要附上行动计划。

制订人力资源计划应掌握一下几个原则：

1. 充分考虑内部、外部环境的变化

人力资源计划只有充分地考虑了内外环境的变化，才能适应需要，真正地做到为企业发展目标服务。内部变化主要指销售的变化、开发的变化、企业发展战略的变化、公司员工的流动变化等；外部变化指社会消费市场的变化、政府有关人力资源政策的变化、人才市场的变化等。为了更好地适应这些变化，在人力资源计划中应该对可能出现的情况作出预测和风险评估，最好能有面对风险的应对策略。

2. 确保企业的人力资源保障

企业的人力资源保障问题是人力资源计划中应解决的核心问题。它包括人员的流入预测、流出预测、人员的内部流动预测、社会人力资源供给状况分析、人员流动的损益分析等。只有有效地保证了对企业的人力资源供给，才可能去进行更深层次的人力资源管理与开发。

3. 保证企业和员工得到长期利益

使企业和员工都得到长期利益的人力资源计划，不仅是面向

企业的计划，也是面向员工的计划。企业的发展和员工的发展是互相依托、互相促进的关系，如果只考虑企业的发展需要，而忽视了员工的发展需要，会有损企业发展目标的达成。优秀的人力资源计划，一定是能够使企业和员工获得长期利益的计划，一定是能够使企业和员工共同发展的计划。

员工招聘的步骤

根据实际情况，企业在组建自己的员工队伍时大致可以遵照以下6个步骤进行：

1. 制订招聘计划

要根据企业的实际经营需要以及其他一些特点，拟定招聘计划。招聘计划一般包括以下内容：

（1）招聘人数；

（2）招聘对象范围；

（3）应聘人员的专业条件、文化程度、业务等级、技术职称以及工作经验等方面的要求；

（4）年龄、性别、健康程度等生理要求；

（5）职务的待遇；

（6）招聘的时间、地点。

2. 接待应聘者报名登记

这种接待可以成为对应聘者的初试。接待中，要向应聘人员阐明企业对人才的需求和企业发展的规划。

3. 动机分析

动机决定行为方式，决定了以后工作的努力程度。因此，在具体招聘过程中，除能力考核外，还要分析其应聘动机。应聘人员的应聘动机大致可分为以下3大类：

（1）为改善目前工作环境或人际关系，试一试有无更好机会；

（2）工作不顺或实际生活困难（待遇、住房和分居问题等）；

（3）为完成自身的抱负和追求个人价值的实现。

一般而言，第三类的应聘者最适于录用，他们工作最为主动、努力；而第二类应聘者优于第一类应聘者。

4. 考试筛选

可以通过笔试进行第一轮筛选，考试应区别不同的学历、专业及工作要求分别命题。命题更应注重分析和反应能力的测试，可采用试卷式、论文式或答辩式进行考试。

5. 面试与心理、性格测验

从一定意义上来说，这一步比笔试更为重要，已为众多的现代企业在招聘人才时采用。在考试合格的人员中，有许多都只是善于应付考试而已，他们在表达、举止和实际能力上未必符合标准。在与之面对面交谈的过程中，可以考查一个人的综合素质和潜在能力，这才是最重要的。

6.确定人选，办理各种手续

经过考试和面试，所需要的人选基本上就可确定下来了，接下来便应通知相关人员上岗，并办理各种手续。

第三章

人员选拔与评价

公司人员选聘操作规定范例

第一章 总则

第一条 目的。

本规定主要涉及在人员选聘过程的各种具体操作细则，以使选聘工作达到预期目的。

第二条 关于选择使用。

人力资源部可依据具体选聘任务，选择以下程序进行操作。

第二章 选聘

第三条 选聘计划。

各部门依据经营管理状况变化，如离退休工人增减，部门间员工的重新配置调动、经营战略和生产计划变化等，需要新增工人或管理人员时，经理层人员要提出增员申请，提交人力资源部。

人力资源部应对增员申请逐项审定，综合平衡，并得到经理同意后，编制增员计划。

第四条 选聘资料的准备。

主要包括企业简介、应聘注意事项和推荐书。

企业简介要用简练概括的语言描述出企业的整体形象，便于应聘者了解企业。招聘技术人员和高层管理人员时，企业介绍要详细具体。

应聘注意事项，其目的是让应聘者清楚应聘资格、考试选拔方法和工资待遇等。应聘注意事项原则上应每年修改一次。

推荐书一般直接寄送给相关学校的系主任或校长。

第五条 录用考试。

1. 准考证。

应聘表审查结束后，对参加笔试的应聘者要发放准考证。准考证上要写明考试时间、地点和注意事项。

2. 求职申请书。

笔试结束后，参加面试的应聘者要填报求职申请书，并交给人力资源部。

3. 面试。

人力资源部要向面试考官分发面试表，用于记录面试成绩和测评结果。

4. 考试成绩汇总表。

对每一位参加考试的应聘者的基本素质、个人能力和考试成绩进行汇总，填入考试成绩汇总表内。

5. 不录用通知。

对考试不合格者，要寄送不录用通知，并附带小礼品，同时返还这些应聘者的个人资料。

6. 体检。

对于面试合格者，要求其在企业指定的医疗机构体检。

7. 录用通知。

如体检合格，应向应聘者寄送录用通知。一般情况下，录用通知与就职保证同时寄送。后者由应聘者填报后，两周内寄回人力资源部。

8.履历调查表。

对有就职经历的人，要填报履历调查表，以便了解应聘者在其他企业的工作情况和职务等。

第六条 录用。

应聘者正式进入企业后，要将有关资料送交人力资源部。人力资源部发给工作证及其他相关证明。至此，招聘工作结束。

公司人员选聘测试制度范例

第一条 初步选聘。

1.制作求职表，以获取应聘人员的背景信息，对不符合要求者加以淘汰。

2.在应聘人员填写求职表时，进行初步筛选。

第二条 就业测试。

1.专业测验。

2.定向测试。

3.领导能力测试（适合管理级）。

4.智力测试。

第三条 面试。

1.面试小组成员。

（1）用人部门专员。

（2）人力资源部专门人员。

（3）独立评选人。

2.面试方式。

（1）测验面试。

（2）组合式面试。

（3）阶段式面试。

3.面试内容。

（1）仪表风范。

（2）人生观、价值观、职业观。

（3）个人修养。

（4）求职动机与工作期望。

（5）工作经验与工作态度。

（6）相关的专业知识。

（7）语言表达能力。

（8）逻辑思维能力。

（9）社交能力。

（10）自我控制能力。

（11）协调指挥能力。

（12）责任心、时间观念与纪律观念。

（13）综合分析判断和决策能力。

4.面试中的注意事项。

（1）面试环境应保持安静、舒适、封闭。

（2）面试考官的位置应避免背光。

（3）被试的位置避免放在房子中央。

（4）面试考官要尽量使应聘人员感到亲切、自然、轻松。

（5）面试考官要了解自己所要获知的答案及问题要点。

（6）面试考官要了解自己要告诉对方的问题。

（7）面试考官要尊重对方的人格。

（8）面试考官将面试结果随时记录于"面谈记录表"。

（9）面试过程中人员不能随意走动。

（10）面试过程不要被打断。

如初次面谈不够周详，无法做有效参考，可发出"复试通知单"，再次安排面谈。

第四条 背景调查。

1.经面试合格初步选定的人员，视情况进行有效的背景调查。

2.进行应聘资料的处理及背景调查时，应尊重应聘人员个人隐私权，注意保密工作。

第五条 结果的评定与反馈。

1.全部面试结束后，由面试小组成员根据面谈记录表对各应聘者的情况进行讨论，得出最后的结论。

2.对于经评定未录取人员，先发出谢函通知，并将其资料归入储备人才档案。

3.对于经评定录取人员，由人力资源部门主管及用人主管商定用人日期后发给"报到通知单"，并安排职前培训的有关准备工作。

员工招聘的原则

招聘工作是保证员工队伍素质的重要一环。在招聘工作中，须遵循下列原则：

1. 公开原则

在招聘之前，应把企业名称及性质、用人岗位、应聘的资格及条件、考试的方法和时间均面向社会通告，公开进行。一方面，给予社会上的人才以公平竞争的机会，达到广招人才的目的；另一方面，使招聘工作置于企业全体员工的监督之下，防止营私舞弊。

2. 公正原则

指对所有应聘者一视同仁，努力为社会上的有志之士提供平等竞争的机会，不拘一格地选拔录用各方面的优秀人才。不得人为地制造各种不平等的限制条件（如性别歧视），以及各种不公正的优先优惠政策。

3. 竞争原则

指通过考试竞争和考核鉴别，以确定人员的优劣和人选的取舍。为了达到竞争的目的，一要加强招聘前的宣传工作，让更多的人前来应聘；二要严格考核程序和手段，科学地录用人才，杜绝"拉关系"、"走后门"和贪污受贿等现象的发生。通过激烈而公平的竞争，选择优秀人才。

4. 全面原则

一个人能否胜任某项工作或者发展前途如何，是由多方面因素决定的，特别是非智力因素对其将来的作为起决定性作用。因此，必须对应聘人员从品德、知识、能力、智力、心理、过去的工作经验和业绩等方面进行全面考试、考核和考查。

5. 择优原则

择优是招聘的根本目的和要求。只有坚持这个原则，广揽人才，选贤任能，才能为企业引进或为各个岗位选择最合适的员工。为此，应采取科学的考试、考核方法，精心比较、谨慎筛选。

6. 量才录用原则

不同的岗位对于相关人员的要求是不同的。因此，必须根据岗位情况进行考核，做到量才录用。招聘工作，不一定要最优秀的，做到人尽其才，用其所长，这才是发挥员工潜能的有效途径。

人员招聘应注意的问题

1. 考查简历的真实程度

招聘人员可以通过简历大致地了解应聘者的情况，初步判断是否需要安排面试。但招聘人员应该尽量避免通过简历对应聘者作深入的评价，也不应该因为简历对面试产生影响。有时，招聘人员需要考查一下简历的真实程度，虽然不能说应聘者的简历一定有虚假的成分，但每个人都有装扮自己的愿望，谁都希望将自己的全部优点写到简历中，同时隐藏自己的缺点，因此在简历中可能会有一些夸大的情况。

2. 工作经验比学历更重要

对于有工作经验的人而言，工作经历远比他的学历重要，他以前所处的工作环境和他以前所从事的工作最能反映他的需求特征和能力特征。另外，从应聘者的工作经历中还可以反映出他的价值观和价值取向，这些东西远比他的学历所显示的信息更加重要。

3. 重视求职者的个性特征

对岗位技能合格的应聘者，招聘人员要注意考查他的个性特征，即指考查其个性特征在这个岗位上是否有发展潜力。有些应聘者可能在知识层面上适合该岗位的要求，但个性特征却可能会限制他在该岗位上的发展。如一个应聘服务员的人，如果他缺乏热情，缺少耐心，显然他不适合这个岗位。

4. 使应聘者对企业有切合实际的了解

招聘和求职是双向选择的过程，招聘人员在掌握了应聘者的情况后，也应当使应聘者更多地了解企业。值得注意的是，当应聘者与企业进行初步接触时，因为企业的宣传材料或者人员的宣传，应聘者一般都会对企业有过高的估计，这种估计会形成一个应聘者与企业的"精神契约"。招聘人员让应聘者更多地了解企业的目的之一就是打破这种"精神契约"，使应聘者对企业的了解比较切合实际。应聘者对企业不切实际的期望越高，在他进入企业后，他的失望也就会越大，这种状况可能会导致员工对企业的不满，甚至离职，这将会对企业造成不利影响。

5. 为应聘者创造更多的表现机会

招聘人员不能仅根据面试中标准的问答来确定对应聘者的认识，应该尽可能为应聘者提供更多的表现机会。比如，在应聘者递交应聘材料时，可让应聘者提供更详尽的能证明自己工作能力的材料。另外，在面试时，招聘人员可以提一些能够让应聘者充分发挥自己才能的问题。

心理测试与员工招聘

心理测试是一种比较先进的测试方式，在国外使用得比较广泛。它是指通过一系列手段，将人的某些心理特征数量化，来衡量应聘者的智力水平和个性方面差异的一种科学选择方法。心理测试具有客观性、确定性和可比较性等优点。

心理测试作为一个有用的选人工具，有着严格的要求。具体而言，心理测试必须符合规范性、客观性和标准化等要求。规范性是指不同的应聘者的测试结果具有可比较性；客观性是指测试结果必须能够真实反映应聘者的某些智力水平和个性特征，有符合标准的可信程度；标准化是指对不同应聘者的相同特征的测试的过程和方法应该是一致的。

由于心理测试的难度较大，企业除非有专业的心理测试人员，否则应该委托专业的人才机构或心理学研究机构进行。心理测试包括以下几类：

1. 能力测试

衡量一个人学习及完成一项工作的能力。包括一般智力测试、语言能力测试、非语言能力测试、数字和空间关系能力测试、反应速度和准确性测试、归纳能力测试、机械知识测试、理解能力测试等。

2. 人格测试

包括人的态度、情绪、价值观、气质、性格等方面的特征。这些特征对一些需要经常与人打交道的工作更为重要。根据心理学家对人格的划分不同，测试的类型也不同。普遍的可以将人格分为16类：乐群型、聪慧型、稳定型、恃强型、兴奋型、有恒型、敢为型、敏感型、怀疑型、幻想型、世故型、忧虑型、实验型、独立型、自律型和紧张型。

3. 兴趣测试

可以表明一个人最感兴趣并最可能从中得到满足的工作是什

么。根据心理学家对兴趣的划分不同，测试的类型也不同。普遍的可以将人们的兴趣分为6类：现实型、智慧型、常规型、企业型、社交型和艺术型。

心理测试时应注意的问题

1. 要注意对应聘者的隐私加以保护

应聘者的各项能力、人格特征和兴趣特征属于应聘者的个人隐私。在未征得应聘者同意之前，将应聘者的心理测试结果进行公布是非常不合适的。如果应聘者未通过心理测试，招聘人员应该将测试结果报告退还给应聘者。

2. 要有严格的程序

从心理测试的准备，到心理测试的实施，至最后的心理测试结果的评判，都要遵循严格的程序来进行。负责人必须经过心理测试的专业培训，必要时，可请专业人员协助工作。

3. 心理测试的结果是对应聘者的能力特征和发展潜力的一种评定

这种评定结果根据企业的具体情况不同，可以进行不同程度的参考。心理测试可以和面试、笔试等选择方式同时进行，通过多种选择途径能够比较准确的做出客观评价，并不一定将心理测试作为唯一的评定依据。

第四章

员工录用

员工聘用制度范例

1.为了加强企业员工队伍建设，提高企业员工的基本素质，特制定本规定。

2.企业所有员工分为两类：正式员工和短期聘用员工。

企业员工队伍的主体是正式员工。他们能够享受企业制度中所规定的各种福利待遇。短期聘用员工是指具有明确聘用期的临时工、离退休人员以及少数特聘人员，他们享受的待遇要在聘用合同书中作出规定。短期聘用员工聘期结束后，若愿继续受聘，经企业同意后可与企业续签聘用合同。正式员工和短期聘用员工均应与企业签订合同。

3.企业各级管理人员严禁将自己的亲属介绍或安排到本人所分管的部门工作，如果属特殊情况的需要由总经理批准。

4.企业各部门和各下属部门必须制定人员编制，各部门用人必须控制在编制范围内。

5.企业需要招聘员工时，提倡从社会上求职人员中择优公开录用，当然也可由内部员工引荐，内部被引荐人员一旦获准聘用，引荐人必须为被引荐人员立下担保书。

6.对于所有应聘人员除总经理特批可免于试用或缩短试用期外，通常情况下都必须经过符合国家规定的试用期后，方可考虑聘为正式员工。

7.对于试用人员必须呈交的材料主要包括：

（1）由企业统一发放的招聘表格，并需要按要求填写。

（2）需提供学历、职称证明。

（3）需提供个人简历。

（4）需提供近期照片2张。

（5）需提供身份证复印件。

（6）需提供体检表。

（7）需提供结婚证、计划生育证或未婚证明。

（8）需提供面试或笔试记录。

8.试用人员通常情况不宜担任经济要害部门的工作，同时也不宜安排具有重要经济责任的工作。

9.试用人员在试用期内待遇规定如下：

（1）基本工资待遇，按照试用人员的工作能力和岗位给予。

（2）试用人员能够享受相关福利待遇。

10.试用人员经试用考核合格后方可转为正式员工，并可以根据其工作能力和岗位重新确定职级，享受正式员工的各种待遇；员工转为正式员工后，试用期计入工龄。试用不合格者，可根据实际情况延长其试用期或决定不予聘用。

人员录用的原则

1. 公开原则

指把招考单位、招考的种类和数量、招考的资格条件，考试的方法、科目和时间，均面向社会公告通知，公开进行。一是便于使考试录用工作置于社会的公开监督之下，防止不正之风；二是有利于给予社会上人才以公平竞争的机会，达到广招人才的目的。

2. 平等原则

指对待所有报考者，应当一视同仁，不得人为地制造各种不平等的限制（如性别歧视），努力为社会上有志之士提供平等竞争的机会，不拘一格地选拔录用各方面的优秀人才。

3. 竞争原则

指通过考试竞争和考核鉴别，以确定成绩的优劣。静止地选拔人才，靠"伯乐相马"，靠在"马厩"里"选马"，靠领导的直觉、印象来选人，往往带有很大的主观片面性。因此，必须有严格统一的考试、考核程序，比较科学地决定录用人选。竞争原则还有另一层含义，即动员和吸引招考的人越多，竞争越激烈，越容易选择优秀人才。所以招收范围应广泛些，招聘广告应做得好一些。

4. 全面原则

指录用前的考试和考核应该兼顾德、智、体诸方面，对知识、能力、思想、品德进行全面考核。这是因为劳动者、各类干部的素质，不仅取决于文化程度，还有智力、能力、人格、思想上的差异，而且往往非智力素质对日后的作为起决定作用。

5. 择优原则

这是考试录用的核心。择优是广揽人才，选贤任能，为各个岗位选择第一流的工作人员。因此，录用过程应是深入了解，全面考核，认真比较，谨慎筛选的过程。做到"择优"必须依法办事，用纪律约束一切人，特别是有关领导。

6. 量才原则

招聘录用时，必须考虑有关人选的专长，量才录用，做到"人尽其才"、"用其所长"、"职得其人"。这有赖于人才市场、劳务市场的发育成熟，是原来的计划分配体制所难以做到的。

录用前评估

录用前评估是聘用慎重的表现，企业需要认真进行录用前评估。一旦从应聘人中发现了合格人选，就应当在整个就业前的评估过程中认认真真地继续进行面试。

1. 申请者背景调查

全面审查应聘人的所有资料，应当有助于挑选出合格的候选人。面试后就该审查其背景了。背景调查通常包括犯罪记录、信用状况和驾驶记录。背景调查当然也包括工作经历、学历和从业许可。现在这种背景调查已成为众多企业的惯例，很大程度上是由于企业没有注意背景调查而吃够了苦头引起的。不合适的员工会给企业带来无穷尽的麻烦，因此在录用之前必须准确了解求职者。

有报道说，一个应聘人在工作申请表上只写了在她亲戚的公司工作的经历，但未经任何调查就被录用了，因为向她的亲戚调查她似乎没有必要。这个新雇员一上岗就小偷小摸，最终从公司里卷走了一大笔钱。最后，公司开始调查其背景，结果真相大白。她从未为她的亲戚工作过，她是一贯有问题的雇员，有很多次都是在盗窃嫌疑尚不明朗的情况下离职的。因此，一定要在录用之前进行背景调查。

2. 核查推荐信

员工的工作经验往往说明他未来的工作表现。核查推荐信是寻找最好的和最稳定雇员的一种主动的、积极的方法。在作出雇用决定之前，核查推荐信是为了核查申请信息和面试所获得的印象。忽略雇用过程的这一部分往往会导致严重错误。

推荐信的核查会给你提供一个准确的方法去预见一个人将来的工作表现。虽然它如此有用，但很少有企业采用这种方法，一旦出了问题便后悔莫及。

你的职位申请人应该有专业性的推荐信。但是值得注意的是：即使最蹩脚的候选人也可以提供出一些出色的专业推荐信，如以前的同事的评价。为了做到彻底的核查，你将需要分析大多数候选人精心选择的参考资料，确切知道你的候选人以前在哪里工作，找出那些确切知道这个人真实的工作能力和工作表现的证明人，并要确定这些推荐信有无言过其实。通常的推荐人有：以前的上司，以前的老师，下级或那些被管理的人，同一部门的同事，有过合作关系的同事，曾服务过的顾客或公司。

录用决策及薪酬决定

1. 录用决策模型

人员录用决策是通过对选拔过程中使用多种选拔方法所产生的信息进行综合评价与分析，确定每一位应聘者的素质与能力特点，根据事先确定的录用标准与录用计划作出最终选择的过程。在进行录用决策时有3种模型可供选择。

（1）补偿性模型。

首先收集应聘者在选拔过程中的所有信息，然后选拔小组从工作所需要的每一方面属性来评价应聘者，得出应聘者有关这一属性的一致性评价意见。例如，通过综合来自证明材料、面试和涉及这一属性的测试结果得出关于应聘者"可靠性"的总体评价。应聘者在每个属性上都受到评价后，就可以在统计上综合得出评分，再形成一个复合评分。复合分数是一个加权平均数，反映每个属性的相对重要性。再按分数由高到低录用应聘者。使用这种方法的前提是假定某种属性上的高分可补偿另一种属性上的低分，适用于对应聘者没有某种最低要求而是要强调应聘者综合素质的情况。

（2）非补偿性模型。

这种模型要求应聘者在被考查的每个方面都必须达到某个最低标准，任何一方面的缺陷都将使应聘者被淘汰。例如，应聘者不诚实或缺乏与人和谐共处的能力，不管其他能力如何，都不会被录用。根据这个方法，应聘者依次进行各种选拔测试，只有在测试中没有被淘汰的人才有资格参加下一种测试。如应聘者不能达到教育和经验的最低要求，那么可能在第一个阶段就被淘汰。因此为降低成本，在选拔方法的安排上应先选择成本比较低的，因为可筛选的应聘者在不断减少。

（3）混合模型。

当对应聘者在某几个方面有最低要求，但在其他几个方面没有最低要求时，可以运用混合模型。首先对应聘者采用非补偿模型淘汰一部分，再用补偿模型对应聘者进行综合评价。

在录用决策时如果最终合格人选少于所要录用人员的数量时，应避免降低录用标准；当最终人选多于所要录用人员的数量时，应遵循前面提到的重工作能力、优先求职动机、慎用超过任职资格条件过高的人等原则。同时，应限制参加决策的人数，以免难以协调意见。

2. 系统化地对胜任能力进行评估和比较

如果缺乏系统性的方法，招聘者在作决策时往往只能看到候选人表现得比较突出的几个方面，而没有全面地关注到候选人的所有胜任特征，并且候选人突出表现的某些方面对于职位不一定是最关键的。

系统性的选拔决策方法包括定性的方法和定量的方法。所谓定性的方法就是对候选人的各方面胜任特征进行描述性的评价，列举出该候选人的主要优点与不足，然后再对各候选人进行比较作出决定。所谓定量的方法就是对候选人的各项胜任特征进行打分评定的方法。事实上，在实际的选拔决策中，定性的方法和定量的方法是结合在一起来使用的。

3. 尽量减少作出聘用决定的人

在选择聘用决定者人选时也要坚持少而精的原则，只用那些确实需要的人。为什么要把所有的人都叫来作决定呢？那样做只会给录用决策增添困难，因为每一个人都有自己的录用偏好，都希望自己的建议得到采用，并为此而争论个不休，浪费了大量的时间、精力和金钱。而且，由于他们将讨论的是应聘者的长处和短处，这些材料外露不利于应聘者在企业中生存。

4. 录用标准要合理

录用标准设得过高，会导致"地板效应"的出现，即能够通过录用标准的人寥寥无几，从而使组织在招聘方面的投入得不偿失；太低，则会出现"天花板效应"，即通过录用标准的人占了绝大多数，从而增大组织在招聘方面的付出。

录用标准应设得恰到好处。如果组织对此感到犹豫不决，大多数情况下，最好的选择是回到最初的阶段，即回到工作／岗位分析阶段，重温一下，看看该工作究竟需要什么样的人。但是要注意的是，工作说明书不应该成为"圣旨"，灵活性是进行成功的录用决策的关键所在。按图索骥常不可取，因为许多研究显示，如果一个人已经能够100%地完成他（她）应聘的工作，那么他（她）在该工作／岗位上也不可能待得太长，因为对他来说该工作缺乏刺激。一般说来，最好是选择一个能够完成工作任务的80%的应聘者，这样的雇员常会在岗位上待更长时间，也有更大的工作动机和动力。

5. 尽快作出决定

目前，人才竞争是十分激烈的，优秀的应聘者更是市场上的"香饽饽"。因此，必须在确保决策质量的前提下，尽快作出录用决策，否则，就有可能让到手的人才从指缝中溜走。

6. 要留有备选人员名单

并不是所有组织看中的人最终都能如愿加盟，有的人可能通过了组织的层层筛选，但最终因薪酬问题谈不拢而放弃，也有的人在层层筛选过程中发现组织并不是最适合自己的，还有的人不过想证明自己的能力，因此，一定要留有备选人员名单，以免一旦第一顺位人选不能入职，一切招聘工作又得从头开始。故在备选人员名单中一定要注明录用这些人的优先次序。首先考虑最合适的人，如其愿意也符合各种录用条件，则录用他（她）；否则，就考虑第二顺位人选，以此类推。

在初步决定录用某个候选人之后，招聘人员应该与该候选人讨论薪酬福利的有关问题，在此方面达成共识。招聘单位应该提供决定录用的候选人详细的薪酬福利信息。薪酬包括工资、奖金、津贴等。对于一个职位来说，薪酬往往是一个范围，根据候选人的胜任水平决定具体的薪酬水平处在这个范围内的什么档次。例如，在某公司中一个客户经理的薪酬范围在5000~8000元之间，而候选人的胜任力水平可以用5个等级来衡量，即：

A等，在各项胜任力上均很优秀，超出职位的基本要求。

B等，在大部分胜任力上超出职位的基本要求，没有明显的缺点。

C等，主要胜任力上超出最低限制水平，在一些较次要的胜任力上有些不足。

D等，在主要胜任力上能达到基本要求，有比较明显的不足。

E等，在某些胜任力上有明显不足，但可以通过未来的培训与锻炼得到发展，迫于补充职位空缺的需要可以录用。

当然决定薪酬是还应该考虑其他一些因素，例如候选人原有水平、市场水平等。在决定薪酬条件的过程中，招聘负责人与待录用的候选人之间可以互相了解对方的意见，招聘负责人往往会询问候选人对薪酬的期望值。如果候选人对薪酬的期望比职位所能提供的薪酬水平高，这种情况下要格外谨慎，一方面要灵活地处理问题，另一方面也不能一味依照候选人的期望作决策。

劳动合同的法律依据

签订劳动合同是招聘的重要环节。所有通过招聘方式进入组织的新职员，都必须同组织签订劳动合同。在《中华人民共和国劳动法》（以下简称《劳动法》）中，有专门的条款对劳动合同进行了规定。企业在与员工签订劳动合同时，应该以这些规定为依据。主要的规定有：

第十六条　劳动合同是劳动者与用人单位确立劳动关系、明确双方权利和义务的协议。建立劳动关系应当订立劳动合同。

第十七条　订立和变更劳动合同，应当遵循平等自愿、协商一致的原则，不得违反法律、行政法规的规定。劳动合同依法订立即具有法律约束力，当事人必须履行劳动合同规定的义务。

第十八条　下列劳动合同无效：

（一）违反法律、行政法规的劳动合同；

（二）采取欺诈、威胁等手段订立的劳动合同。

无效的劳动合同，从订立的时候起，就没有法律约束力。确认劳动合同部分无效的，如果不影响其余部分的效力，其余部分仍然有效。劳动合同的无效，由劳动争议仲裁委员会或者人民法院确认。

第十九条 劳动合同应当以书面形式订立，并具备以下条款：

（一）劳动合同期限；

（二）工作内容；

（三）劳动保护和劳动条件；

（四）劳动报酬；

（五）劳动纪律；

（六）劳动合同终止的条件；

（七）违反劳动合同的责任。

劳动合同除前款规定的必备条款外，当事人可以协商约定其他内容。

第二十条 劳动合同的期限分为有固定期限、无固定期限和以完成一定的工作为期限。劳动者在同一用人单位连续工作满10年以上，当事人双方同意续延劳动合同的，如果劳动者提出订立无固定期限的劳动合同，应当订立无固定期限的劳动合同。

第二十一条 劳动合同可以约定试用期。试用期最长不得超过6个月。

第二十二条　劳动合同当事人可以在劳动合同中约定保守用人单位商业秘密的有关事项。

第二十三条　劳动合同期满或者当事人约定的劳动合同终止条件出现，劳动合同即行终止。

第二十四条　经劳动合同当事人协商一致，劳动合同可以解除。

第二十五条　劳动者有下列情形之一的，用人单位可以解除劳动合同：

（一）在试用期间被证明不符合录用条件的；

（二）严重违反劳动纪律或者用人单位规章制度的；

（三）严重失职，营私舞弊，对用人单位利益造成重大损害的；

（四）被依法追究刑事责任的。

第二十六条　有下列情形之一的，用人单位可以解除劳动合同，但是应当提前30日以书面形式通知劳动者本人：

（一）劳动者患病或者非因工负伤，医疗期满后，不能从事原工作，也不能从事由用人单位另行安排的工作的；

（二）劳动者不能胜任工作，经过培训或者调整工作岗位，仍不能胜任工作的；

（三）劳动合同订立时所依据的客观情况发生重大变化，致使原劳动合同无法履行，经当事人协商不能就变更劳动合同达成协议的。

第二十七条　用人单位濒临破产进行法定整顿期间或者生产经营状况发生严重困难，确需裁减人员的，应当提前30日向工会或者全体员工说明情况，听取工会或者员工的意见，经向劳动行政部门报告后，可以裁减人员。用人单位依据本条规定裁减人员，在6个月内录用人员的，应当优先录用被裁减的人员。

第二十八条　用人单位依据本法第二十四条、第二十六条、第二十七条的规定解除劳动合同的，应当依照国家有关规定给予经济补偿。

第二十九条　劳动者有下列情形之一的，用人单位不得依据本法第二十六条、第二十七条的规定解除劳动合同：

（一）患职业病或者因工负伤并被确认丧失或者部分丧失劳动能力的；

（二）患病或者负伤，在规定的医疗期内的；

（三）女员工在孕期、产期、哺乳期内的；

（四）法律、行政法规规定的其他情形。

第三十条　用人单位解除劳动合同，工会认为不适当的，有权提出意见。如果用人单位违反法律、法规或者劳动合同，工会有权要求重新处理；劳动者申请仲裁或者提起诉讼的，工会应当依法给予支持和帮助。

第三十一条　劳动者解除劳动合同，应当提前30日以书面形式通知用人单位。

第三十二条　有下列情形之一的，劳动者可以随时通知用人单位解除劳动合同：

（一）在试用期内的；

（二）用人单位以暴力、威胁或者非法限制人身自由的手段强迫劳动的；

（三）用人单位未按照劳动合同约定支付劳动报酬或者提供劳动条件的。

第三十三条　企业员工一方与企业可以就劳动报酬、工作时间、休息休假、劳动安全卫生、保险福利等事项，签订集体合同。集体合同草案应当提交员工代表大会或者全体员工讨论通过。

集体合同由工会代表员工与企业签订；没有建立工会的企业，由员工推举的代表与企业签订。

第三十四条　集体合同签订后应当报送劳动行政部门；劳动行政部门自收到集体合同文本之日起十五日内未提出异议的，集体合同即行生效。

第三十五条　依法签订的集体合同对企业和企业全体员工具有约束力。员工个人与企业订立的劳动合同中劳动条件和劳动报酬等标准不得低于集体合同的规定。

第五章

人员培训管理规范化制度

员工培训管理制度

1. 员工培训的基本原则

（1）采用理论与实际相结合的方法。在搞好员工专业技能实践方面的培训后，不能忽视提高其管理水平的培训。

（2）需要因人而异，因材施教。

（3）采用近期目标与长远目标相结合的方法。

2. 对员工培训的目的

（1）提高员工队伍的整体素质和企业的管理水平。

（2）挖掘企业潜力，提高企业的经济效益。

3. 组织领导与任务

在总经理室领导下，人力资源部门负责员工培训工作的实施。其培训任务如下：

（1）组织与考核各类专业技术人员业务培训。

（2）培训教育与考核各级行政管理人员。

（3）新员工岗前培训教育与考核。

（4）干部任职前的培训教育与考核。

（5）对特殊专业外出学习的管理。

（6）负责其他临时性培训任务。

4. 培训内容

（1）员工培训应根据其所从事的工作，以专业培训和岗位培训为主。

政策法规教育管理人员应充分了解政府的有关方针、政策和法规，学习和掌握现代管理理论和技术，提高市场预测能力、控制能力和决策能力。

专业技术人员如财务人员、工程技术人员等，应接受各自的专业技术培训，了解政府有关政策，掌握本专业的理论知识和业务操作方法，从而提高专业技能。

基层管理人员应通过培训充实知识，提高实际工作能力。

基层工作人员必须学习企业及本部门各项规章制度，掌握各自岗位职责和要求，提高业务水平和操作技能。

企业的其他人员也应根据本人工作的实际需要参加相应的业务培训。

向员工介绍企业的组织机构及领导层情况。

员工需要学习《员工手册》和劳动合同条款。

培养员工的服务意识并进行典型的案例教育。

员工需要学习服务礼仪的相关知识。

对员工进行消防安全知识教育。

对员工进行卫生防疫知识教育。

对员工进行基本服务英语培训。

（2）部门可以自行安排如下一些符合本部门特色的培训内容：

解释本部门的职能和目标。

本部门与岗位的组织机构、职责和工作标准。

本部门、岗位与其他部门、岗位之间的关系。

本部门的详细规章制度和相应操作程序。

5. 培训安排

（1）人力资源部的安排范畴。

安排新员工到指定地点集合签到，并相应地填写"员工培训点名册"。

由总经理向新员工致欢迎词。

严格按培训计划授课，并填写"员工培训记录"。

请新员工所分配部门经理迎接新员工。

（2）安排新员工参观企业工作流程。

在不影响企业正常营业的前提下由人力资源部组织新员工参观企业的工作流程。

参观前事先应做好安排，要与有关部门联系，通知其参观人数，确定参观地点。

向新员工明确参观要求，如见到客人需点头、微笑、问好，紧跟队伍，礼让客人，参观时不喧哗、不勾肩搭背、不乱摸物品等。

进行实地参观时，需要请所在部门的经理或主管进行介绍，并需要细心地讲解，耐心回答新员工提出的问题。

（3）安排部门的业务培训。

由部门制订新员工业务技能培训计划，对新员工进行基本业务培训。

安排理论授课，使员工了解部门的职能和目标、组织机构、职责、工作标准、规章制度和操作程序等内容。

安排相应的实操训练，使新员工掌握基本操作技能。

组织新员工参观部门各岗位，了解岗位相应的协调规范。

6. 培训考核

（1）培训部需要组织公共课程学习并进行考核。以书面试卷形式对培训员工进行考核，并填写相应的"培训考试／考核记录"。

（2）部门组织业务培训考核，主要考核业务技能是否达标。由对新员工实施培训的经理或主管进行考核，并填写"业务评估表"一份，交人力资源部备案。

7. 培训情况存档

培训结束后，必须将培训情况填入"员工培训登记表"并存档。

8. 确定相应的培训方式

培训方式分为长期培训（3个月以上）、短期培训、脱产培训3种。

9. 程序的审批

将采用培训方式、内容等交上级主管部门进行审批。

10. 向员工解释培训期间的待遇

11. 培训档案与合格证书

（1）劳动人事部建立员工培训档案，为员工的晋升提供参考依据。

（2）劳动人事部对参加培训考核合格者发放证书，不合格的按企业劳动管理的有关制度执行。

12. 员工培训要按计划、分期分批、按不同的工种和岗位的需要进行，要结合实际，注重实用性，逐步提高员工队伍素质

13. 本企业的工作人员都要参加岗位职务培训

公司职前培训制度范例

第一章 总则

第一条　职前培训的宗旨，是使新进人员了解公司概况及公司规章制度，以便新进人员能更快胜任未来工作。

第二条　凡公司新进人员必须参加本公司举办的新进人员职前培训，其具体实施均需依本制度办理。

第三条　职前培训包括以下几个方面的内容：

（1）公司历史；

（2）公司业务；

（3）公司组织机构；

（4）讲解公司管理规则；

（5）所担任业务工作介绍、业务知识。

第四条　凡新进人员应给予7～10天培训，每隔一周举行一次。

第五条　新进人员的培训，人事单位应事先制定日程安排计划表、培训进度记录表及工作技能评定标准表。

第二章 培训阶段

第六条　对于新进人员的职前培训，按工作环境与程序可分为3个阶段：

（1）公司总部的培训；

（2）分支机构的培训；

（3）实地训练。

第七条　公司总部的培训最重要的是获得知识并着重使受训者了解下列各点：

（1）公司的状况；

（2）参观公司的各部门及受训者未来的工作岗位；

（3）介绍其岗位特征及如何与其他部门配合；

（4）熟悉公司产品的性能、包装及价格；

（5）市场销售情况的分析；

（6）对市场上同类产品及厂家要有相应的了解；

（7）聘请专家实施口才培训。

第八条　主持公司总部培训的人员，应对受训者的优、缺点作出评价，提供给未来的技术培训和实地培训负责人作参考资料。

第九条　新进人员在接受公司总部培训之后，必须紧接着进行实地见习。

第十条　分支机构的培训重点在于受训者学习掌握未来实际工作所要求的技能，并应在下列几方面加强培训：

（1）使受训者了解其未来工作概况；

（2）了解每天的例行工作和非例行工作；

（3）强调时间与效率的重要性；

（4）各部门之间的协调与配合。

第十一条　分支机构培训的负责人员必须是新进人员未来的主管和实地培训的负责人。

第十二条　分支机构培训的示范者必须具有丰富的工作经验和精湛的技术，切忌教导新进人员投机取巧。

第十三条　分支机构培训必须与实地培训密切配合。

第十四条　实地培训即为见习期，是在一位资深员工的指导下去实践未来所负担的工作。

第十五条　实地培训应尽量让受训者实际练习，指导员仅是在旁协助，待受训者做完某项工作后再告诉他应改进的地方。

第十六条　凡担任实地培训指导的人员，公司一律发给特殊奖金，以促使其更好地指导受训者。

第十七条 为有效地利用时间和达到培训目的，对于上述3个阶段的培训，要酌情灵活运用，混合安排拟定培训计划。

第三章 培训内容

第十八条 职前培训的内容应视各部门的性质、工作种类的不同而由各部门自行决定，但都应包括下列基本内容：

（1）建立有关方面的知识体系；

（2）有关技术方面的培训；

（3）一些制度、程序方面的培训；

（4）新进人员态度与自信心的培训。

第十九条 对于新进人员，首先必须向其提供其所需知道的一切知识，包括公司的结构、目标、政策、产品及其性质、市场情况，使其对工作性质及进展有一个初步的了解和心理准备。

第二十条 对新进人员应予以"程序规定"培训，培训其对时间的支配和工作的计划能力作适当的组织和配合，按一定的程序来达到工作的目标。

第二十一条 新进人员接受上述各条培训后，需给予"态度与信念"的培训。

第二十二条 "态度与信念"培训的宗旨在于使新进人员对公司、顾客、工作岗位要有乐观、积极、充满信心与活力的态度和热诚服务的信念。

第四章 附则

第二十三条 本制度如有未尽事宜应随时加以修正。

员工培训的途径和原则

员工培训的途径主要有两类：一类是通过工作实践获得锻炼和提高，另一类是进行正规的知识教育和训练。

1. 在工作中锻炼和提高

让员工在工作中得到锻炼的实质是为员工提供更多的实践机会和良好的成长环境，使之在实际工作的磨炼中总结经验、学习技能、增长才干。

可以采用的具体方法有如下几种：

（1）制订提升计划。对准备提升的人员制订分步骤的提升计划，按计划由低到高使其相继经过若干职位的锻炼。这种方法有助于逐步扩大员工的工作范围，增长其经验、能力和才干，也有利于加强员工培训的计划性。

（2）职务轮换。这种方法有利于人员熟悉业务经营方面的情况，提高从事各项工作或高级主管工作的能力，是培养员工综合能力的有效方法。具体操作时，采取让人员依次担任同一层次的不同职务，或不同层次的相应职务，以便全面锻炼员工的能力。

（3）安排助理工作。这是培养企业主管人员的一种常用方法。即安排有培养前途的人员担任部门或领导者的助手，使其在较高的管理层次上全面接触和了解企业的各项管理工作，开阔眼界，锻炼能力；同时直接接受主管领导的言传身教，并通过授权参与某些高层管理工作。

（4）临时提升。当因某种原因出现职务暂时空缺时，临时指定有关人员代理相应职务，也是培养人员的方法之一。通过临时提升可以使有潜力的人员获得宝贵的锻炼机会，取得经验、增长才干。这也是培养后备骨干人员的一种有效方法。

2. 系统的教育和训练

通过各种形式、内容的教育，对员工进行不同程度的系统知识训练，可以帮助员工开阔视野，更新知识，使其对工作需要的新知识、新理论、新方法有所研究，不断提高其素质和水平。经常采用的具体形式有开办短期培训班、举办知识讲座、定期脱产轮训等。

为了使培训能达到预期的目的，在培训中应遵循以下原则：

1. 德才兼顾

企业对员工的要求是德才兼备，而不仅仅是技术业务标准。德与才两者紧密联系，不可偏废。培训的内容必须兼顾专业知识技能与思想品德两个方面。

2. 理论联系实际

培训员工，必须理论联系实际，学用一致，才能收到实效。培训是为了使用，如果理论和实际脱节，培训就失去了作用，受培训者也会失去动力。培训工作应该有明确的针对性，从实际工作需要出发，与职位特点相结合，与培训对象的年龄、知识结构、能力结构、思想状况紧密结合。只有通过兼顾上述各方面的综合教育和培训，才能收到预期的培训效果。

3. 全员培训与重点提高相结合

全员培训，就是有计划、有步骤地对在职的各类各级各层次的员工所进行的培训，这是提高全员素质所必需的。但全面并不等于平均使用力量，应重点培养出一批有开拓精神的、掌握现代科学技术和管理知识的优秀管理人才。对他们除了更新、补充业务知识外，还应该培训现代管理科学理论，特别是要加强决策能力、协调能力方面的训练和提高。这是培训骨干员工的重要原则。

4. 检查与奖励相结合

培训工作和其他工作一样，必须通过检查来了解培训工作的效果。因此严格考核和择优奖励是不可缺少的。严格考核是保证培训质量的必要措施，也是检查培训质量的重要手段。只有培训考核合格，才能择优录用或提拔。当然，有很多培训只是为了提高员工的素质，并不涉及录用、提拔或安排工作，因此受训人员择优奖励就成为调动他们学习积极性的有力杠杆。要根据考核成绩，设置不同的奖励等级，还可以记入内部档案，与今后的奖励提拔等挂钩。这对提高员工的工作热情，确保培训效果是十分有效的。

员工培训的方法

　　企业应该根据自身的实际情况选择合理的培训方法，来达到提高员工素质的目的。常用的培训方法有以下几种：

1. 讲授法

　　讲授法的优点是授课人可以将所需培训的内容高效率地迅速传递给听众。它的主要缺点是双向沟通不够充分，缺少反馈，不能区分听众的学习能力、学习风格、兴趣爱好方面的差异。但是有经验的授课人，会在讲课期间穿插讨论，与学员进行交流，从而弥补这方面的缺陷。这是在员工培训时常用的方法。

2. 角色扮演法

　　接受培训的员工被指派扮演不同的职务角色，并在模拟场景中完成所要求的各项工作，如要求受训员工向顾客推介商品、处理顾客抱怨等。通常这种培训的目的是提高受训人熟练处理工作事务的能力。例如，接听一个重要顾客的抱怨电话，和一个要求还价的顾客磋商等。受训人对各种情况进行分析，并提出建议方案等，然后由授课人对学员作出的决策数量和质量进行评估。角色扮演法能否成功，取决于学员对角色真实性的感受能力。

3. 案例研究法

案例主要来源于工作中的实际问题，供学习者思考、讨论，提出解决方案，分析决策后果。案例研究法的一个主要优点是，它将工作中的实际问题带进了课堂。但事实上，案例终究还是比员工面临的实际情况简单。另一个欠缺是案例讨论中缺乏实际经营管理中客观存在的情感因素，因而对于改变员工的态度、行为等方面较难奏效。此外，案例讨论是否成功在很大程度上取决于授课人的能力和水平。

案例研究的另一种形式是所谓的"事件研究法"。即在开始时只告诉员工问题的大致情况，然后由员工提出要求，得到更多的其他信息，培训人员要根据这一要求向员工提供额外的相关资料。从理论上讲，"事件研究法"能促使员工更深入地探讨问题的实质，主动地去追求更多的信息，这更接近于实际管理问题的解决过程。案例研究法的实施规程如下：

第一阶段：培训者向参加者简单介绍下列知识。

（1）案例研究法的背景、方法、特色。

（2）案例研究法应用时应注意的问题及能达到的效果。

（3）计划安排。只有当学员对本次培训有了大致的了解后，才能使他们顺利地进入角色，使培训顺利完成。

第二阶段：通过自我介绍，使学员互相认识并尽快熟悉，以培养一个友好、轻松的氛围。

第三阶段：将学员分成3～4个小组，每组成员8～10名，并决定每组的组长。

第四阶段：分发案例材料。

第五阶段：让学员熟悉案例内容，并且培训者要接受学员对案例内容的质询。

第六阶段：各组讨论、研究案例，并找出问题的症结所在。

第七阶段：各组找出解决问题的策略。

第八阶段：挑选出最理想、最恰当的策略。

第九阶段：全体人员讨论解决问题的策略。

第十阶段：培训者进行整理、总结。

4. 分组讨论法

分组讨论，可以就同一个课题进行讨论，也可以分别就不同课题进行讨论。如果是各小组就同一个课题进行讨论，可以让员工分成两派，一派持支持观点，另一派则持反对的观点，各自提出自己的理由、论据等，并提出合乎逻辑及清晰的推理。如果各小组分别就不同课题进行讨论，则组织工作又不相同。

在讨论之前，培训者可对各个课题进行讲解和介绍，并明确交代各小组需要完成的任务。之后，培训者在小组间来回巡视各小组的讨论情况，对学员的提问，只给予任务的澄清和一般性的引导，而不对讨论内容作过多评论。

5. 研讨会法

研讨会法是一种事先调查，然后通过与其他受训者交换信息、研究问题得出结论的培训方法。

采用这种方法对员工进行培训时，应着重把握以下要点：

（1）确定研讨会主持人。研讨会主持人可以由培训者担任，也可由受训员工担任，目的是引导研讨会顺利进行。

（2）确定研讨会主题。主题的选择应慎重。只有选好主题，展开研讨，加深对所学知识的印象，才能真正达到预期目的。

（3）确定研讨会形式。研讨会根据不同情况有多种不同的形式，可以是班级研讨，可以是小组研讨，还可以采取报告人讲授之后组织研讨的形式。

（4）重视会前准备。举办研讨会之前，应及时把参加的人数、形式、时间、地点确定下来，然后决定各项准备工作，如录音、录像设备安排，指定研讨会记录员，桌椅摆放等。

6. 情景模拟法

情景模拟法是指在模拟具体工作情景的条件下，通过对被测对象的行为加以观察与评估，从而鉴别、预测受训者的各项能力与潜力的方法。这种方法在国外对零售员工的培训中被广泛使用。情景模拟法通常可采取以下几种方式：

（1）文件处理情景模拟；

（2）无领导小组讨论；

（3）归纳发言；

（4）工作总结练习。

每种情景模拟根据不同要求设计测试样本，均由分析问题、解决问题、口头表达、文字处理、政策性、果断性、主动性等要素组成，按被测者行为的优劣及评分标准分别给予打分。

第六章

培训开发计划的制订
与实施

培训开发计划的内容

坐落于纽约市中心的大通曼哈顿银行是一个培养和选拔职业商业银行员工的摇篮，它在人事管理和员工培训方面也有不凡之处。

大通曼哈顿银行设专门培训机构，人事管理部门下属的1~5个培训处都有足够的人员抓培训工作，其主要任务之一就是根据银行领导或董事会的要求，组织员工撰写个人年度培训计划，然后组织落实各种培训工作。如他们的员工教育技能培训可分月进行，趣味性的培训每周2次。这种培训机构完成了银行的各种培训计划。

年度培训计划是大通曼哈顿银行必做的工作，银行要求全体员工每年要搞一个自我培训计划。如某员工的自我培训计划：1~2月，对银行内部的基本环境和结构作一次调查；2~3月，对自身和银行的不足之处作一个系统的总结；3~7月，主要对自身不足之处加以改善；7~12月，对银行的不足之处提出更好的建议。银行的培训计划是在员工提出的新一年培训计划基础上，由总行制订，再由员工选择（如计算机、写作、银行新业务等），然后，交员工所在部门审核，最后由培训主管部门汇总、实施。

从上面的例子我们可以得知，培训开发计划的制订是一个复杂的系统工程。制订之前有许多需要考虑的因素，这些因素直接影响培训计划的质量和效果。一旦培训开发需求确定，就可以开始着手编制培训开发计划。一个良好的培训开发计划能够使受训者真正学有所获，而且激起受训者学习的渴望，愿意继续接受培训，从而促进培训过程的良性循环。同时，一个成功的培训开发计划能使企业领导注意到培训开发的重要性，提高培训开发部门在企业中的地位。因此制订培训开发计划是培训者最重要的工作之一。那么，培训开发计划应包括哪些内容呢?

1. 达到何种目标

建立具体的、可度量的培训开发目标是通过确定培训开发需求应达到的最终目标。目标详细说明圆满完成培训计划后受训者能够做到的事情。因此，目标为接受培训和实施培训的人提供了共同努力的方向，也为评价计划是否成功提供了基准。

2. 参加人员是怎样的

例如，是新进员工、大学刚毕业、年龄在30岁以下，还是别的什么特征；他们所具备的知识和经验的程度，学习的动机、风格，他们接受培训的能力，他们工作环境的特点和状况等。

3. 培训什么

培训的内容，是以理论为主，还是以实践经验为主，或以引进新思想、新技术为主。

4. 谁来指导

选择谁来担当指导老师，他们的知识水平、实践经验如何，他们是否有充当教师的愿望，他们是否有指导的经历等。

5.组织是怎样的

培训活动是由培训部门发起，还是由领导者亲自动员；参加者只有员工，还是他们的上级也要参与；培训的考核结果是否与其晋升、加薪有关等。

6.使用哪些辅助设备

培训时要使用哪些设备。例如：电视机、投影仪、屏幕、放像机、摄影机、幻灯机、黑板、白板、纸、笔等等。尤其是一些特殊的培训，需要一些特殊的设备，事前一定要准备好。

制订培训计划需要考虑的因素

了解了培训开发计划设计的主要内容之后，我们需要对制订计划所面临的各种具体情况作出具体的分析，最终确定培训开发计划的各个细节。大致上需要考虑的因素包括以下几个部分：

1.培训范围

培训规划针对不同层次的培训对象可以分成五类：个人、部门、组织、行业和跨行业。岗位培训注重个人，即偏重于个人能力和技能的提高。这种培训要求培训师对受训者进行单独的辅导，具体分析其所从事的工作并作出分析和指导。

培训开发计划也可针对某组织内的一个部门来设计。这个部门的人员可能只有几个人，也可能有几千人。通常大多数技能培训是在这个层次上进行的。培训开发计划的对象还可以是整个组织。这时的培训开发可以是职业精神培训、企业文化教育，以及思想教育、安全教育等等。培训开发计划还可以为某一行业内的所有组织来设计。行业一般由政府来划分，行业培训一般也由政府或行业性协会来设计和组织。有些培训开发设计能适用于所有行业。它包括技能培训（如计算机技能培训）、管理培训、普通培训、普通基础教育和一般性培训等等。

2. 培训规模

　　培训规模受很多因素影响。比如它可能由接受培训的企业规模、经营方向决定，也可能由培训本身的性质、培训力量的强弱、培训场所的大小、培训工作的性质和培训费用的多少来决定。对于集体培训，培训师必须考虑两个因素：培训的费用和培训策略。想降低费用就应该扩大培训的规模，而培训策略是决定培训规模的另一个重要的因素。

3. 培训场所

　　教室是诸多培训场所的一种。但在某些组织里，教室是最少使用的场所之一。工作车间就是在岗培训和自我锻炼的优良场所。培训中心和语音室也适用于现场培训。

4. 培训时间

　　一期培训的时间从几十分钟到数周不等。培训内容、费用都能影响培训时间。为期一个小时至半天的短期培训可以用来介绍主要议题和当今技术发展状况，也可以用来讨论简单的议题。有时半天时间不够用，可以将培训分成几个阶段来进行。在学习同一段内容时，如果时间超过了3个小时，那么即使教师采取一定的策略来激发受训者的兴趣，受训者的学习能力仍不可避免地会下降。这是短期培训的一个缺点。

5. 受训者的工作类型

根据受训者的工作类型可以确定培训开发的类型：技术性的或是非技术性的。技术性的培训基本上是处理工作所必需的一般知识和技能，而不涉及监督、管理和激励别人；非技术性的培训则相反，它对员工的能力以及有效管理提出了更高的要求。

6. 培训开发方案的重复使用率

培训开发方案的重复使用率对设计成本有很大的影响。如果某种方案只实施有限的一次或是两次，其设计费用和人均实施费用相对来说比较大。而如果一个方案能多次重复使用，即使当初设计费用较大，平均到每个参加培训的受训者身上后，费用也就不算太大了。

7. 费用

设计培训开发计划时，必须考虑的一个因素就是培训费用。培训费用直接影响着培训初期计划设计的进行，以及培训实际效果的好坏。培训费用与培训可能带来的收益相比的结果更是直接关系着培训工作是否值得展开。

制订培训开发计划的程序

1. 分析确定培训开发需求

培训开发需求是制订培训开发计划最重要的依据，没有培训开发需求，培训就会失去意义和方向。培训开发需求要根据培训计划实施时间的长短，或者培训计划的执行期，由企业经营管理的要求及企业发展的要求与企业现实差距来确定。

2. 明确培训开发的目的或目标

培训开发的目的或目标有时会与培训需求相同，有时又不相同。如果一次培训就可满足培训需求，那么这次培训目的就与需求相同。一次培训目标不能定得太高，应当切合实际。培训目的或目标是考评培训效果的标准。

3. 确定培训开发对象

确定培训对象就是要确定对什么人进行培训，分清楚哪些人是主要培训对象，哪些人是次要培训对象。准确地选择培训对象，有助于培训成本的控制，强化培训的目的性，增强培训效果。

4. 确定培训内容

培训内容与培训对象是相辅相成的，有什么样的培训对象，就有什么样培训内容；有什么样的培训内容，就要选择什么样的培训对象。要想保证培训效果，就要选择好培训内容。

5. 确定培训开发方式

培训开发方式直接影响受训员工对培训内容的接受程度，同时也便于受训人员做好受训准备。

6. 考评培训教师

根据培训内容和培训方式确定考评培训教师，因为培训效果的好坏，与培训教师的教学水平有很大的关系，所以应当认真对待。提前确定培训教师，有利于培训教师提前准备培训内容，保证培训效果。

7. 选择培训时间

培训时间是培训开发计划的一个关键项目。培训时间选择得及时合理，就会保证企业目标和岗位目标顺利地实现，提高劳动生产效率。

8. 确定培训地点

为了保证培训顺利地实施，就要事先选择好培训地点，便于受训人员学习。同时，培训地点确定之后，可提前通知培训教师和受训员工，使组织培训的责任人事先做好培训准备。

9. 明确培训组织人

明确培训组织人就是明确培训的责任人。这有利于培训工作的顺利开展，使得培训老师和受训员工知道有问题找谁，便于及时解决问题，保证培训工作高质、高效。

10. 考评方式

为了验证培训效果，督促受训人员学习，每次培训后都必须进行考评。同时还要选择一个能较好地测试培训结果的方法进行考评，切不可走形式主义，使考评失去相应的作用。对受训人员的考评，分为笔试、面试、操作几种方式，笔试又分为开卷和闭卷，笔试和面试的试题类型又分为开放式试题和封闭式试题。

11. 培训费预算

培训费用一般是指实施培训计划的直接费用，它分两个部分：一部分是整体计划的执行费用，另一部分是每一个培训项目的执行或者实施费用。

12. 明确后勤保障工作

明确后勤保障工作，有利于协调培训部门与后勤保障部门的工作，便于后勤保障部门及时做好准备工作。

13. 编写培训开发计划

完成上述工作后，就要开始编制培训开发工作计划，经审批后实施。

培训开发预算的确定

在制订培训开发计划时，首先要考虑预算问题。如果企业的培训开发预算不能够支持培训开发计划，培训开发计划制订得再漂亮也没有意义。

在企业中，人力资源部门该如何准确的确定预算？或者培训预算在企业总预算中占多大的比例最为合适？这类问题确实不好回答。因为我们很难对培训开发的效果进行量化评估，也很难将培训开发的效果与企业利润增长准确地联系起来。

关于培训开发预算问题，不同的企业处理方式也不尽相同，一般而言有以下几种处理方式：

比较预算法：通常的做法是参考同行业关于培训开发预算的数据。首先是同行业企业培训开发预算的平均数据，人事经理可以与其他企业的同行就培训开发预算问题进行一次沟通，相互了解一下对方企业的情况，然后取平均值（由于各企业的规模不同，建议取人均培训开发预算）。另外，同行业优秀企业的培训开发预算数据也很重要，将平均培训开发预算与优秀企业培训开发预算相比较，就可以看出培训开发费用对企业发展的贡献。

比例确定法：对某一基准值设定一定的比率来决定培训开发经费预算额的方法。如根据企业全年产品销售额的一定百分比来确定培训开发经费预算额，根据全年纯收入的百分比或总经费预算的百分比来确定培训开发经费预算额等。

人均预算法：预先确定企业内人均培训开发经费预算额，然后再乘以在职人员数量的培训开发预算决定法。

推算法：如果企业有培训开发预算的历史数据，参考这些数据会更加有意义。根据过去培训开发预算使用额推算，运用上一年度对比法决定预算的方法。

需求预算法：根据企业培训开发需求确定一定时限内必须开展的培训活动，分项计算经费，然后加总求和的预算法。

无论采用何种培训开发预算方式，都应考虑企业培训开发的需求和提供经费的可能性。培训经费预算一经确定，便决定了经费使用的基本框架。

在预算分配上，虽然在确定培训预算时，可能会采用人均培训开发预算的方式，但是在预算分配时，往往不会人均平摊。有些企业会将70%的培训费用花在30%的员工身上，甚至将80%的费用用于10%～20%人员的培训。

这种培训预算分配的不平均性，可能会导致普通员工的不满。所以在公布预算分配时，最好以部门或培训项目来分配，人均分配数额仅作为培训预算的一种计算方法。

对于管理类员工的培训开发预算，应重点集中在企业的高层经理上。这主要和管理本身的特性有关，因为企业的高级经理有时更容易成为企业管理理念的传播者和管理方法的创新者。对于中层管理者和普通员工而言，他们更倾向于去适应自己上级的管理理念和管理方法。所以提高高层经理的管理水平对提高企业整体的管理水平具有决定性的影响。

对于技术类员工的培训开发预算，应该集中在公司骨干技术人员身上。技术培训的投资会使技术骨干们获得个人能力的成长，这是对技术骨干最有效的激励。另外，技术骨干由于对技术非常精通，所以技术骨干再将自己的所学向其他技术人员进行内部传播时，成功率较高。

企业培训预算具体到各项目上主要有以下工作：

1. 企业培训的总预算及其使用

（1）企业培训的总预算。

各企业培训的总预算多少不一，这是正常的，但应该有一个适当的比例。国际大公司的培训总预算一般占上一年总销售额的1%～3%，最高的达7%，平均1.5%，而我国的许多企业都低于0.5%，甚至不少企业在0.1%以下。

（2）企业培训总预算的使用。

如果包括企业内部人员的费用在内，企业的培训总预算一般是这样安排的：30%为内部有关人员的工资、福利及其他费用，30%为企业内部培训的费用，30%为派遣员工参加外部培训的费用，10%作为机动费用。如果不包括企业内部人员的费用在内，则50%为企业内部培训的费用，40%为派遣员工参加外部培训的费用，10%作为机动费用。

2. 派遣员工参加外部培训

（1）培训公司的成本分割。

培训公司的成本大致分割如下：20%为培训师费用，20%为开发教材的费用或版税，20%为市场营销费用，20%为税金和管理费用，10%为操作费用，10%为利润。

（2）参加外部培训的费用。

国内培训公司目前的费用为每人每天200～2000元，国际培训公司目前的费用为每人每天100~1000美元，而且以每年10%的速度递增。

3. 企业内部培训

企业内部培训简称内训，其费用由于形式不同而差异很大。

（1）企业自己培训。

即由企业内部培训师培训，这类培训费用最低，由于企业内部培养、储存卓越培训师的费用过大，再加上不少课程无法自己培训，因此，不少企业尤其是中小企业并无能力完成。

（2）聘请培训师。

费用相对较低，但服务往往跟不上。

（3）聘请培训公司。

这种形式最好，但费用也最高，但与派遣相同数量的员工参加外部培训相比，又便宜不少。由于操作规范、服务精良、培训师一流，不少企业愿意聘请培训公司。

培训计划书和培训计划表的编制

1. 培训计划书的写作框架

在培训项目的策划文件中，有些内容是必需的，有些则是可选的，要根据项目的规模、性质、高层管理者的要求等适当调整，以取得事半功倍的效果。

（1）问题或机遇说明。

本项目想解决什么问题或利用何种机遇？这一部分应提供产生培训项目的背景，必要时可回顾一下以前曾做过何种程度的尝试。

（2）范围界定。

想要获得的最后结果是什么？范围界定需回应上项提出的问题或机遇。范围越明确，对执行及管理就越有利。

（3）完成标准。

需要做些什么？如何用最客观的标准来衡量？如何知道已经完成？完成标准应该是可测量的，以杜绝完成后作出主观主义的评价。

（4）风险。

做或不做这一项目有何风险？风险分析的一种形式是提供关于主要风险及利益的全面分析，为判断实施该项目是否有利提供分析基础。

（5）人员需求。

需要哪些人员？这部分应提醒公司内相关的部门，要求其人员届时为项目出力。

（6）限制。

项目是否受到什么特别的限制？这些限制是多种多样的，如时机、环境、技术、设备、期限等。这些都要在一开始就摆到桌面上来，以便有机会寻求替换的方法。

2. 培训计划表的制作

培训计划表是培训方案进入实施阶段的表现形式，是每项培训活动具体实施的时间表，其形式简明、直观、便于管理者安排培训活动和受训人员参加培训活动。根据不同的需要，培训计划表有多种形式。

按培训计划涵盖的内容划分，可分为综合性培训计划和专项培训计划。综合性培训计划涉及的部门和人员较多，专项培训计划一般只侧重于某个部门或某项专门的培训。

按培训计划的时间长短划分，又可分为长期、中期和短期计划，如年度、季度、月度计划。中期计划根据长期计划制订，是长期计划的具体化，而短期计划则是中期计划的进一步细化。

（1）年度培训计划表。

年度培训计划的制订以公司的年度经营计划、管理目标、培训预算总额以及培训需求分析为依据。根据公司年度培训计划书的要求，年度培训计划表将公司一年的培训项目按内容、方式、参加人员、时间、地点、费用等——列出。具体列表可以简单，也可以复杂，可根据企业的具体情况选择。

（2）企业内的轮岗培训计划表。

轮岗培训，是在公司内不同部门或不同工种之间进行岗位互换，以使员工能够掌握多岗位工作的能力。轮岗培训具有以下功能：拓宽知识面，丰富工作经验，重点培养表现优秀、有发展潜力的员工；使员工了解相关部门及岗位的工作程序及内容，增强部门和岗位间的沟通、理解、协调与合作；对员工起到示范和激励作用。

在了解和明确了岗位培训的目的与需求后，下一步就要根据不同受训者的具体情况，制订专门的轮岗培训计划。轮岗培训计划表的制订，应该重点明确以下几方面：

第一，培训内容或项目。一个岗位需要掌握多种知识和技能，短时间内很难全部掌握。因此，轮岗培训要抓住培训重点，有针对性地进行培训。比如，生产部门的人员到计划部门轮岗，培训内容的侧重点就应该放在计划制订的基本原理、程序和方法方面。

第二，培训形式或方法。轮岗培训的方式有多种，如"师带徒"、直接任职或工作实习等。

第三，培训者。轮岗培训的培训者一般在企业内部产生。培训者是否负责、称职，与轮岗培训的效果关系密切。因此，一定要明确谁来承担培训者的职责。轮岗培训的培训者一般可以是部门的负责人、相关岗位的资深骨干人员或部门的其他同事等等。

（3）专题（专业）培训计划表。

专题培训计划一般是为了适应某一单项主题的培训要求，或适应某一部门、某一类专业人员培训需求而制订的。一般包括单门课程或一组相关的课程。

第七章

培训开发的效果评估
与成果转化

培训开发效果评估的类型

按不同评估方式，培训开发效果评估可作不同的类型划分：

1. 按评估性质分类

培训开发效果评估，按评估的性质可以划分为以下3类：

（1）后果评估。即如果不实施培训将会有什么后果，属于反面评价。

（2）效果分析。即进行培训后收到了什么样的效果，以及效果的程度如何，属于收益评价。

（3）项目评估。即对培训本身进行得如何开展系统分析，最终对项目作出评估，属于培训整体评估。

2. 按评估方式分类

按评估方式分类，培训开发效果评估可划分为非正式评估和正式评估。

（1）非正式评估是指评估者依据自己的主观性的判断，也就是说他往往根据"觉得怎样"进行评判，而不是用事实和数字来加以证明。

这种非正式评估不需要记录任何东西，但有时记下那些难以注意到的、认为对评估有价值的培训对象的有关表现、态度和一些特殊困难是很有价值的。

非正式评估最大的优点在于它不明显，可以使评估者能够在培训对象不知不觉的自然状态下进行观察，这就减少了一般评估给培训对象带来的紧张不安，从而在某种意义上，增强了信息资料的真实性，增强了评估结论的客观性；它的另外一个优点在于它方便易行，几乎不需要耗费什么额外的时间和资源。

（2）正式评估往往具有详细的评估方案、测试工具和评判标准。它尽量剔除主观因素的影响，从而使评估更有可信度。在正式评估中，对评估者自身素质的要求降低了，起关键作用的因素不再是评估者本身，而是评估方案和测试工具的选择是否恰当。在长期实践中，评估研究的先驱者们已经发展出了一套成熟的评估方案和测试工具。在一些正式的场合，尤其当评估结论要被高级管理者用来作为决策的依据，或是为了向特定群体说明培训的效果时，就需要用到正式评估。

3. 按评估时间分类

按评估时间分类，培训开发效果评估可分为即时评估和滞后评估。即时评估一般在培训结束时就进行评估。目的在于对培训对象在培训期间的各种表现作出评估，并与参加培训前的技能水平相比较，以检验培训的成效。主要评估内容是：培训对象的学识有无增进，以及增进多少；培训对象的技能有无提高，以及提高多少等。

滞后评估一般是培训结束回去工作后进行评估。培训的目的不在于培训对象在培训期间表现如何，而在于培训对象回到工作岗位后的表现。因此，培训对象回去工作后的评估，要比培训结束时的评估更为重要。评估内容主要包括：工作态度有无改变，改变的程度如何，维持的时间有多久，工作效率有无增进，增进的程度如何，培训目标有无达成等等。

培训开发效果评估的原则与内容

一、培训开发效果评估的原则

1. 能力为主

与学校正统教育不同，企业人才开发的主要目标不是知识积累，而是职业、岗位工作技能的提高。企业培训是在培养能力前提下传授知识，在传授知识基础上开发能力的。因此，培训评估要把能力评价放在首要位置。

2. 注重效果

培训评估要做到能够反映培训所取得的经济效益和社会效益。如人才培养的数量和质量、产生的经济效益等，这些数据和资料最能集中体现培训工作的价值和贡献。

3. 可信性

可信性是评估应该具备的一项重要特性。如何保证评估的可信性呢？主要体现在评估的手段上，也就是说，评估工具或手段是培训评估结果是否可信的重要保证。一个可信的评估工具或手段应该具有这样的功能：在对同一个事项进行测量中，如果其他的因素没有变化，其测量结果应该是大致相同的。因此，在进行培训评估时，我们要慎重选择、合理使用测评工具和手段。

4. 可行性

培训评估包含诸方面的因素，是一项非常复杂的系统工程，目前尚无统一的科学标准。这就给培训评估工作带来许多困难，甚至于无法进行评估。因此，在确定评价指标，选择评价方法时，培训评估者既要考虑到科学性，更要注重可行性，使之便于评价，能够评价。

二、培训开发效果评估的内容

总体上讲，培训评估工作是一项内容丰富、程序复杂和难度较大的系统工程。全面掌握这套技术需要系统的学习。由于时间和篇幅所限，本章主要介绍培训后评估（成果评估）。

培训后的评估，主要有四个方面的内容：一是对学员的学习结果进行评估，二是对培训讲师的教学进行评估，三是对培训的组织管理情况进行评估，四是对培训后组织取得的效益进行评估。

1. 学员学习成绩

为了检查培训效果，对学员的学习成果进行评估主要从两方面进行：一是培训结束时对学习成绩进行检验，这种评估一般在培训结束后进行，主要考查学员对所学知识和技能的掌握情况如何；二是培训结束后，考查培训对学员回到工作岗位后的工作是否产生作用，主要考查学员的工作态度、工作方法和工作业绩等有无改善和提高。

2. 培训讲师的评价

对培训讲师的评估可在培训前和培训后进行。培训前可以采用试讲或审查教材等方法，培训后可采用访谈、问卷调查等方法，评估主要考虑以下几个方面：

（1）课程的内容是否符合培训目标的要求？

（2）课程的形式是否被学员接受？

（3）培训方法是否适当？

（4）讲师的语言表达如何？

（5）课程还需要进行哪些改进等等。

3. 培训组织管理

对培训组织管理的评估在培训课程结束后进行，许多情况下常与对讲师的评估结合在一起进行。评估的内容主要有以下几个方面：

（1）培训时间安排是否合适？

（2）培训场所的环境如何？

（3）培训使用的设备或器材准备如何？

（4）学员的生活和娱乐活动安排如何？

（5）学员的投入和情绪反应如何等等。

4.组织培训的效益

对培训的经济效益进行评估，主要考虑几方面：

（1）核对培训办班的预算，检查是否超支。

（2）计算培训的投入产出比，检查办班的效率和效益，比如投资利用率、投资收益率。

（3）办班直接取得的经济效益或收入。

培训开发效果评估的一般流程

1.评估决策

在进行培训开发效果评估之前，培训主管必须对评估的可行性、评估目的以及评估的人员作出决策。

（1）评估的可行性决策。

评估培训开发效果的可行性决策就是在培训开发效果评估开始之前收集和分析有关培训开发及其评估系统资料的可靠性，进而作出评估是否可行的决策。培训开发效果可行性决策包括两个方面：一是决定该培训开发效果评估应交由谁评估；二是收集培训开发实施的基本情况，为以后的评估奠定基础。在某些情况下，培训开发评估对培训开发意义重大，这时候培训主管一般要进行培训开发评估工作。但在有些情况下，培训主管并不适宜对培训开发项目进行评估。

①以下情况的出现，即为需要进行培训开发效果评估：

培训开发项目经费超过一定的"警戒线"。

培训开发项目所需要的时间较长。

培训开发项目效果对企业发展具有重要的意义。

某一部门的培训开发对其他部门的发展有重要影响。

公司某项重大决策以评估结论为依据。

②出现以下情况时，不必进行培训开发效果评估：

培训开发目标不明确或在目标上缺乏共识。

评估的结果不能得到利用。

培训开发评估时间有限，导致培训开发质量得不到保证。

培训开发评估资源不足，导致培训开发质量得不到保证。

培训开发项目缺乏外在价值。

（2）评估目的的决策。

培训开发效果评估必须有方向、有目的，这样评估才能成功，才会对企业产生很大的推动作用。培训主管进行培训开发效果评估前一定要作出评估目的决策，搞清楚评估的目的何在。效果评估的基本目的是满足管理者的需要，而管理者可能会因下列3个目的中的任意一个（也可能是几个的组合）而需要有关的信息和评价。

①了解有关培训开发方案的情况，包括培训开发项目是否有利于增进员工的绩效、培训开发项目是否能进一步改进。

②培训开发方案是否已提供，如果没有提供，则要让他们明白可以用什么来代替这个方案。

（3）就继续还是中止、推广还是限制该方案一事要作出决策。

2. 评估规则

（1）选定评估者。

评估者主要分为内部评估者与外部评估者。内部评估者来自组织内部，可属于组织专门从事评估的部门，也可能临时从其他部门抽调出来从事该项目的评估工作。外部评估者是来自组织之外的评估工作者，如来自大学、研究机构或专门的评估咨询公司。

选择评估者要从被评估项目特点、评估内容及目的和评估者本身所具有的优势和弱点等几方面来考虑。

（2）选定评估对象。

显而易见，培训开发的最终目的就是为企业创造价值。由于培训开发的需求呈增长的趋势，因而实施培训开发的直接费用和间接费用也在持续攀升，因此不一定在所有的培训开发结束后，都要进行评估。我们认为主要应针对下列情况进行评估：

新开发的课程应着重于培训开发需求、课程设计、应用效果等方面。

新教员的课程应着重于教学方法、质量等综合能力方面。

新的培训开发方式应着重于课程组织、教材、课程设计、应用效果等方面。

聘请培训公司进行的培训开发应着重于课程设计、成本核算、应用效果等方面。

出现问题和投诉的培训，针对投诉的问题。

选定评估对象，我们才可以有效地针对这些具体的评估对象开发有效的问卷、考试题、访谈提纲等等。

（3）完善培训开发评估数据库。

进行培训开发评估之前，培训主管必须将培训开发前后发生的数据收集齐备，因为培训开发数据是培训评估的依据，尤其是在进行三级、四级评估过程中必须要参考这些数据。培训的数据按照能否用数字衡量的标准可以分为两类：硬数据和软数据。硬数据是衡量改进情况的主要标准，以比例的形式出现，是一些易于收集的无可争辩的事实，这是最需要收集的理想数据。硬数据可以分为4大类：产出、质量、成本和时间，几乎在所有组织机构中这4类都是具有代表性的业绩衡量标准。有时候很难找到硬数据，这时，软数据在评估人力资源开发培训项目时就很有意义。常用的软数据类型可以归纳为6类：工作习惯、氛围、新技能、发展、满意度和主动性。

（4）选择评估形式。

评估规划阶段实际上是评估者利用自己的知识和经验，结合实际的评估情景进行选择的过程。在选定评估对象和完善评估数据库之后，评估者将面临选择恰当的评估形式，只有在确定评估形式的基础上，才能设计出合理的评估方案并选择正确的测度工具，同时对评估的时机和进度作出准确的判断。评估形式的选择以评估的实际需要以及这种形式的评估所具有的特点为依据。前面讲过，评估的形式主要有非正式评估和正式评估、建设性评估和总结性评估等。

（5）确定培训开发评估层次。

（6）选择培训开发评估方案。

培训开发评估方案主要是从级别上进行选择，详细内容如下：

一级评估。多采用培训开发效果问卷调查、与参训人面谈、培训时观察等方法进行。

二级评估。采用的方法有：课程中测验或考试、培训效果调查问卷、参训人员培训心得报告等。

三级评估。几个月后以局部调查或访问的方式访问受训人、受训人直属主管、受训人同事或部属，根据工作量有无增加、工作素质有无提高、工作态度有无变化、处理工作是否感到比以前熟练等进行评估。

四级评估。绩效考核法，如通过绩效考核发现员工受训后在工作数量、工作质量、工作态度、工作效率上均能达到工作标准的要求，则表示培训卓有成效。

3. 评估信息的收集和分析

（1）评估信息的收集。

培训不同，收集信息的渠道和收集的方法也是不同的。例如，培训开发计划评估与培训开发最终效果评估的信息收集和收集方法就有所不同，前者的信息收集渠道主要是培训开发计划制订的参与者，收集方法是与参与制订培训开发计划的相关人员进行沟通面谈，并争取得到与培训计划相关的所有资料和培训计划本身，而后者在信息渠道和信息收集方法则涉及得更加广泛。

（2）培训开发评估信息的分析。

当数据收集齐并达到预先确定的目标后，接下来的步骤就是对数据进行分析并对分析的结果进行解释。此时可能会遇到巨大的挑战，有可能还得向有关统计专家专门请教。

当对数据进行分析的时候，要用到一些统计方法。在分析评估数据时，有三类统计方法尤其适用，即集中趋势分析、离中趋势分析和相关趋势分析。

①集中趋势分析。包括平均值、中值和从数，它们传递的是一个综合的信息，即对学员总体的影响。例如，培训开发后平均出错率由9.5%下降至5.2%。

②离中趋势分析。采用的是标准差和方差分析方法，计算学员之间的变化差距有多大以及随着时间的变化他们的变化差距有多大。对业绩和表现水平各不相同的个人进行比较，就可以确定

这个小组的业绩表现是否得到改进。

③相关趋势分析。利用相关性来显示培训开发项目中不同因素和学员业绩表现之间的相互关系。例如，将学员在工作岗位上的业绩表现情况与参加培训项目之后的测试成绩进行比较，就可以揭示二者之间的相互关系。在考虑学员考试成绩的基础上，这种比较也有助于分析学员的未来发展趋势。选择评估方法的过程回答了如何对学习环境、学员和培训内容实施评估这一问题，因为方法的选择必须适合数据的类型。如果方法适当，可以在这一步骤计算培训结果的货币价值。在得出这些价值的时候，要考虑评价因素问题，对培训结果的分析和解释也可以在其他阶段进行。例如，在培训项目不同阶段所收集到的数据往往会在当时的阶段进行分析，以便为培训项目的调整提供信息。此后，可以收集在岗业绩表现数据或后续跟踪数据，将它们与最初的数据合在一起分析，以便评估整个项目。

4. 培训评估报告的撰写

将有关评估过程、收据、分析结果等内容进行整合，形成一份综合性的评估报告。评估报告包括的主要内容是：

（1）概要：对整个报告的简要综述，概括评估的主要结果和建议。

（2）项目背景：培训项目的总体说明，包括对需求分析的概括、培训的总体目标、培训方案的概要等。

（3）评估目的：详细说明评估目的、各层的评估目标。

（4）评估方法和策略：评估层次、评估过程、评估方案、评估方法、评估工具等。

（5）数据收集和分析：数据如何收集和何时收集，数据分析的方法，分析结果的解释。

（6）项目成本：分类汇总各项成本和总成本。

（7）反映效果：详细说明学员对项目的反应和满意程度。

（8）学习效果：详细说明学员对新知识、技能和态度的掌握和接受情况。

（9）应用效果：详细说明学员所学内容的实际应用情况，包括主要的成功之处和不足。

（10）业务影响：说明作为培训结果的业绩改进程度。

（11）投资回报率：比较项目收益和成本，用投资回报率的比值显示结果。

（12）无形收益：对与项目有关的无形指标（无法核算经济价值的指标）加以说明。

（13）支持因素和障碍：对项目实施起到积极作用的各种因素，以及项目实施中的问题和障碍，为以后的培训和业绩改进提供参考依据。

（14）结论和建议：综述各层目标的实现情况，提出项目的改进建议。

5. 培训开发项目的调整和沟通

（1）培训项目的调整。

基于对收集的信息的分析，我们就可以有针对性地调整培训开发项目。如果培训开发项目没有什么效果或是存在问题，人力资源开发人员就要对该项目进行调整或考虑取消该项目。如果评估结果表明，培训开发项目的某些部分不够有效，例如，内容不适当、授课方式不适当、对工作没有足够的影响或受训人员本身缺乏积极性等，人力资源开发人员就可以有针对性地考虑对这些部分进行重新设计或调整。

（2）培训开发项目结果沟通。

有很多企业重视培训开发评估，但是其评估却与实际工作脱节，培训开发效果的检验仅仅局限于培训开发过程中，没有在实际的工作中进行，造成了培训开发与实际生产服务脱节。在培训开发评估过程中，人们往往忽视对培训开发评估结果的沟通，尽管经过分析和解释后的评估数据将转给某个人，但是，当应该得到这些信息的人没有得到时，就会出现问题。在沟通有关培训开发评估信息时，培训开发部门一定要做到不存偏见和有效率。一般来说，企业中有4种人是必须要得到培训开发评估结果的：最重要的一种人是培训主管，他们需要这些信息来改进培训开发项目，只有在得到反馈意见的基础上精益求精，培训开发项目水平才能得到提高。管理层是另一个重要的人群，因为他们当中有一些是决策人物，决定着培训开发项目的未来。评估的基本目的之一就是为妥善地决策提供依据。应该为继续这种努力投入更多的资金吗？这个项目值得做吗？应该向管理层沟通这些问题及其答案。第三个群体是受训员工，他们应该知道自己的培训开发效果怎么样，并且将自己的业绩表现与其他人的业绩表现进行比较。这种意见反馈有助于他们继续努力，也有助于将来参加该培训项目学习的人员不断努力。第四个群体是受训人员的直接经理。

培训开发效果评估的方法

1. 目标评估法

通常情况下，企业系统化的培训开发都是由确定培训开发需求与目标、编制培训开发预算及计划、监控以及效果评估等部分组成。它们之间并不是割裂的，而是相互联系、相互影响——好的培训开发目标计划与培训开发效果评估密不可分。目标评估法要求企业在制订的培训开发计划中，将受训人员完成培训计划后应学到的知识、技能、应改进的工作态度及行为、应达到的工作绩效标准等目标列入其中。培训开发课程结束后，企业应将受训者的测试成绩和实际工作表现与既定培训开发目标相比较，得出培训效果。作为衡量效果的根本依据，企业应制订出具有确切性、可检验性和可衡量性的培训开发目标。

2. 绩效评估法

绩效评估法是由绩效分析法衍生而来的，它主要被用于评估受训者行为的改善和绩效的提高。绩效评估法要求企业建立系统而完整的绩效考核体系。在这个体系中，要有受训者培训开发前的绩效记录。在培训结束3个月或半年后，对受训者再进行绩效考核时，只有对照以前的绩效记录，企业才能明确地看出培训开发效果。

绩效考核一般包括目标考核和过程考核。目标考核是绩效考核的核心。目标可以分为定量目标和定性目标。培训经理在选取目标时，应注意选取能体现岗位职责的指标——目标达到了，基本上就履行了岗位职责。过程考核是绩效考核的另一个重要内容。过程是绩效的保证，没有好的过程就不可能有好的结果。过程考核能反映员工的工作现状，它通常包括考勤、服务态度、工作饱满程度等指标。将目标考核与过程考核结合起来，就能够反映一个岗位的绩效。

3. 定性评估法

定性评估法是通过对培训开发活动以及受训人员的表现进行分析和综合，剖析其失误的根源，查找问题，分析原因，总结成功的经验，最后作出结论性评价的方法。比如判断培训开发是否有效，是正效果还是负效果，方向是正确还是错误，以及评估对象的情况是积极还是消极，是进步还是落后等等，都要用定性的评估方法。定性评估只能对培训开发活动和受训人员的表现作出原则的、大致的、趋向性的判断。定性评估主要有两种形式，即鉴定和评语（如对某培训活动的验收鉴定和个人的操作评语等）。定性评估法在操作上要注意下述几点：

（1）用于评估的指标要切实可行，使定性评估的评语或鉴定恰当可靠。

（2）评估要客观，评估人员不能带任何感情色彩。

（3）要全面掌握评估对象的情况，使结论中肯切实且有针对性。

（4）评估应一分为二，既肯定成绩，又指出问题。

（5）鉴定或评估的用词要准确，恰如其分，富有特点或个性。

4.定量评估法

定量评估法在培训开发效果评估中运用得比较少。要想把培训开发效果数字化是一件难事，同时收集各种资料的成本也比较高。但培训开发主管又不得不重视定量评估法，因为用数据说话往往更具说服力，评估的结果也更为准确。定量评估法较为常用的方法有成本—收益分析法、边际分析法、目标成本法、假设检验法等。其中运用最为广泛的是成本—收益分析法。运用成本—收益分析法可有两种评估途径：一是计算培训开发效益，一是计算培训开发投资回报率。

培训开发效益是指培训开发所获得的总效益减去总成本之后所得到的净效益，培训开发效益越高，培训开发的效果就越好，反之则越差。对于预期培训开发效益为负的培训，企业一般不会开展。

5.个体评估法

个体评估法侧重个体对培训开发评估的作用，通常选择具有一定素质、具有一定代表性的个体，组织他们分别对测评对象进行评价和估量。一般来说有下列几种角度：

（1）自我评估。

由于评估对象通常会担心上级或有关部门对自己的考核不全面或不客观，所以让评估对象先进行自我评估，有助于取得评估对象的信任和支持，有利于调动评估对象的积极性和减少消极因素。不过，让评估对象进行自我评估存在的问题是，评估对象对自己进行的评价往往要高出他们的主管人员或同事对他们作出的评价。

因此，自我评估应当慎重使用，而且评估人员在运用此方法时要清楚：由他们进行评价和被评对象自己进行评价的结论可能会出现矛盾，甚至因此引起劳资立场的对立。

（2）同事评估。

由于越来越多的企业都开始使用自我管理小组的管理形式，因而同事或团队成员互相之间的评价也变得越来越普遍。通过同级部门或同事之间的评定，可以了解同事们对评估对象的意见和看法，特别是能获得协调能力、社交能力、素质水平等有关考核的信息。

（3）上级评估。

上级评估主要是直接主管人员对下属的评估。由直接主管人员进行评价是大多数评估制度的核心所在，这是因为从一位主管人员那里获得对下属员工的评价相对容易，并且主管人员对评价的内容通常也较为熟悉。

（4）下级评估。

这主要是下级对上级的评估。下级评估最能反映出领导者的素质和有关能力。进行下级评估如果要采用书面形式，应该是无记名的，这样做可以让参加评估人员反映出真实的看法，因而下级评估对上级领导又有一种鞭策和促进作用。

（5）关键事件法。

主管人员将员工在完成某项任务中表现出来的特别有效的行为和特别无效的行为记录下来。此法有助于相互沟通和员工培训，但难以在员工间就工作情况进行比较，并且主管人员对员工的工作行为也难以进行较长时间的连续记录。这种方法为向下属解释绩效评价结果时提供了一些确切的实施证据，并且这些依据是在一定时期内累计下来的。

第八章

员工行为规范管理规范化制度

员工手册的编写

一家公司的高级主管曾对员工说："各位，你们不要变成窃夺退休金的人。"这句话是希望员工把多年累积的经验，把自己在业务中积累的技术和方法做成记录留给后来员工，这样才是对公司有所贡献。由此可见，把经历过的非定型、例外业务经验传授给后来员工，必将大大提高公司的办事效率。

在行政工作中，手册化已是定型业务经常利用的手段。但实际上，手册的意义对非定型业务更为重要。因为定型业务可以请教前辈，而非定型业务没有前辈在场的话就无从查问，于是就必须靠自己的判断和能力来摸索。

因此，提高办公室管理绩效的手段之一就是让更多的事务手册化。目的是要让员工对工作的手续、方法有明确的了解，使得任何人都能将工作完成，并将工作方法一直传授下去。

手册化的目的，还考虑到即使办事人员调换也能依照规定的手续和办法来完成工作，这等于是一种传授技术的工具。此外，手册也是进行工作改善所必需的工具。办公手册能把容易忽略的工作内容和方法写出来，这样就使以后改进事务效率的工作有了依据和基础。手册是现状的记录，可以依照它来把握现状。非定型业务和例外业务，让人觉得没有必要或没有可能归集成册，因为其中完全没有共同的地方。而实际上大部分业务的手续和重点都有共同性，所以对于这一类业务要把其手续和重点记录下来作为传授的依据，这才是最重要的一点。

公司员工手册范例

第一章 引论

第一条　欢迎加入本公司，作为本公司的员工，为顾客提供优质的产品和服务是我们的宗旨。公司员工必须以自己良好的形象向顾客和社会大众表述我们的经营理念：以优良的品质提升你的生活，并传播我们的友善。员工的工作是整个公司运作不可或缺的一部分，公司也将竭尽所能为员工的事业成功提供帮助。

第二条　这本员工手册能指导员工了解公司的政策和福利制度，从而清楚地认识公司的运作机制及管理风格，其中也倾注了公司对员工的殷切期望以及对员工辛勤工作所给予的回报。如果员工有不清楚的地方，请向部门主管或直接向人力资源部门咨询。

第三条　由于经营环境的不断改变，本员工手册中的制度可能会随之修改完善，公司负责对任何制度的变动及时通知和解释。

第二章 服务年限

第四条 在本公司的服务年限是以员工最近一次的雇用时间为起点，连续在公司工作的时间长度。在员工的技能和能力水平同等时，服务年限将作为晋升、获得培训机会及享受休假优先权的依据。

若下列事件发生，服务年限将中断：

1. 主动辞职；

2. 连续 10 天无故缺勤；

3. 在服务过程中下岗超过 6 个月；

4. 出于任何原因而终止合同。

第三章 正常工作时间

第五条 本公司员工实行5天工作制，每天工作时间为8小时，通常8：30~17：30为上班时间（其中午间休息1小时）。员工的工作日程由本公司有关负责人在工作周期的基础上进行安排，并对提前批准的员工休假和请假给予考虑。为了满足顾客的需要，管理层可以根据实际情况安排工作日程。

第四章 行为规范

第六条 公司相信每一名员工都能有条不紊、高质量地完成自己的工作，公司所列出的成文规则并不能全面概括或代替员工们良好的判断力和合作感。但是，出于保护公司和员工利益的需要，公司还是制定了规章制度，其中一些制度在下面列出。这些规章制度并不限制公司对于其他有损公司、顾客和其他员工利益的行为进行处分的权力。

第七条 禁止发生下列行为：

1. 故意泄露公司技术、营业机密，致使公司蒙受重大损失；

2. 未经许可，兼任其他职务或兼营与本公司同类的业务；

3. 在公司内进行赌博、酗酒等不良行为；

4. 偷窃或侵占同事及公司的财物；

5. 在工作场所喧哗、打闹等妨碍工作秩序的行为；

6. 擅离职守或随意携带外人参观；

7. 其他法律法规所禁止的行为。

第五章 个人形象

第八条 公司要求员工依自己的职务及工种穿着适合工作的整洁、得体的服装。

1. 衣着不能对人身安全造成威胁；

2. 所有员工的衣着应整洁、得体、舒适；

3. 生产岗位的员工上班时间统一着装。

当员工衣着不得体时，上级主管有责任指出其着装不适合之处。

第六章 个人物品

第九条 本公司对员工的个人物品没有保管的责任，个人物品（包括价值昂贵的物品）应随身携带。如果你认为有必要将价值昂贵的物品放在办公室里，请把它们锁好，并随身携带好钥匙。若物品丢失，公司概不负责。

第七章 电话使用

第十条　接电话时，首先向对方通报公司名称，并介绍自己。如果员工接了别人的电话，应帮助对方找来受话人或是请对方留言，记住要询问对方的姓名、公司地址、电话号码，并且记清此次通话日期及时间。

第十一条　在正常上班时间内（除非紧急情况）限制打私人电话。如果需要打私人电话，请在午休时间打。如果要打私人长途电话，请使用个人的长途电话卡。所有私人电话时间不应过长，以简短为宜。

第八章 出勤规定

第十二条　员工缺勤意味着其他员工将承担额外的工作任务，从而增加其工作量，因此，员工应把自己的缺勤次数控制在最低限度。特殊情况确实要缺勤或迟到时，员工有责任事先或提前一天通知上级主管。缺勤和迟到将作为员工工作记录的一部分，并作为员工加薪和晋升的依据，未经上级主管同意的缺勤将受到纪律处分，甚至被辞退。如果连续10个工作日缺勤而未通知上级主管的，将视为自动辞职。

第九章 薪酬管理

第十三条　公司薪酬制度包括如下内容：

1. 工资发放周期和发放日的信息；

2. 有关工资单和工作时间记录的特殊指导；

3. 工资中有关扣除额的内容。

第十四条 公司工资发放日定为次月第三日。对全职员工来说，工资单上将反映出当前发放工资的周期。但是，由于每张工资单都要提前几天准备，因此，任何例外情况，诸如在个人出勤卡上做了记录的加班或不带薪休假，将反映在下一次的工资单上。如果工资发放日正好赶上节假日，公司将会提前一天发放工资。

第十五条 法律要求对员工的工资进行一定的扣除，诸如法律规定的个人所得税、养老金、社会保险统筹和住房公积金等。员工工资条中将反映员工当前及该年至此为止的工资及扣除款项数据。如果员工在工资对账单上有任何疑问的话，可以询问财务部门有关负责人。

第十六条 员工的工资比率取决于所从事的工作种类、市场中类似工作的比率以及员工的工作绩效三项因素。同时，公司在必要时会对员工的工资比率进行核查，根据公司经营状况和员工本身的工作绩效，工资比率可能会有所调整。

第十章 加班费和补休

第十七条 如果员工要求加班，公司直接按实际工作时间付费。以基本工资的1.5倍付费。只要可能，公司鼓励或要求员工进行补休。补休必须在加班后4个星期内完成。

第十八条 公司部门经理及以上管理人员不得支取加班费，但可以享受补休，具体执行须呈报总经理批准。

第十一章 带薪休假

第十九条 全职员工将根据在公司的服务年限享受带薪休假

福利，规定如下：

1.工作满 1 年以上未满 3 年者享受每年 7 天的带薪休假；

2.工作满 3 年以上未满 5 年者享受每年 12 天的带薪休假；

3.工作满 5 年以上未满 10 年者享受每年 18 天的带薪休假；

4.工作满 10 年以上者，每增 1 年其带薪休假就增加 1 天，但最多不超过 30 天。

第二十条 员工每月拥有年休假天数的1/12的假期，休假必须在批准后才可使用。新进员工必须在全职工作6个月后才有资格享受休假。每个员工的休假时间应与有关负责人一起安排，以保证本部门工作能顺利进行。若公司规定的节假日刚好在员工的休假期内，则不计入休假。12天以上的休假可以跨年度休假。所有该年度未使用的休假在下一年将作废，如果发生合同终结、退休或终身残疾时还有未休假期的情况，公司将按假期天数付薪以作补偿。

第二十一条 兼职或短期员工按照相关制度享受带薪休假待遇。

第十二章 丧葬休假

第二十二条 当员工家中发生丧事时，请向有关负责人请假。如果去世的是全职员工的直系亲属（列出亲属身份），主管部门将批准员工的带薪丧葬假，时间一般限制在3～7天。如果发生特别情况要延长假期，应按一般事假或休假来对待。

第二十三条 对于员工的近亲或同事，公司一般会允许员工请假参加葬礼。

第十三章 员工安全

第二十四条　公司承诺为员工提供安全的工作环境。作为一个员工，应该了解公司的安全规章制度和处理事故的程序并且对其具备高度的责任感。时刻保持警惕清醒的头脑，严格遵守安全规则，使用安全设施，及时采取挽救措施。如果在工作时间内发生了事故，或有人受了伤害，员工应立即向有关负责人报告，以获得必要的紧急援助。如果事故及伤害很严重，必须立即寻求专业人员的帮助。

第二十五条　各部门主管应针对在工作场所发生的所有事故和伤害填写一份"伤害情况紧急报告表"，并递交负责行政事务的总经理。

第十四章 急救和应急措施

第二十六条　有关火灾、台风、龙卷风、地震等不可抗力的灾害的应急措施要张贴在公司的公告栏上。每个员工都必须了解这些应急程序以及安全出口。一旦发生这类灾害，需要立即疏散。办公楼里的每部电话上都标有火警和警察局的电话号码。灭火器通常放置在楼梯口，急救包通常放在部门的休息间内。

第十五章 抱怨和投诉

第二十七条　公司承诺对员工的问题和意见给予及时处理。如果员工对自己的工作及公司有任何疑问或不满，请放心大胆地与上级主管讨论，主管应尽力对员工的绝大多数问题给予妥善处理。如果你没有从上级主管那里获得满意的答复，可以直接向有关负责人反映情况，但最好把你的问题写下来以免引起误解。公司将竭诚处理员工的一切合理抱怨和投诉。

第十六章 人事档案

第二十八条　公司将保留每位员工的人事档案，档案内包括了员工与公司签约的各方面文件。档案中的所有材料都是严格保密的，只有相关负责人有权查阅。当员工要求公司提供证明材料时，公司可提供的信息只有员工的姓名、雇用日期以及工作职称，其他信息只有在得到当事人的书面许可后才可提供。

第二十九条　在员工提出书面申请后，公司允许本人查阅自己的人事档案，但查阅必须在正常工作时间内进行，并有一名授权代表在场。

第三十条　每位员工都有责任确保自己的雇用记录与事实相符。任何有关姓名、住址等方面的变更都应报告人力资源部的有关负责人。并且有关家庭地位或遗嘱受益等方面的变动亦应如此，以便公司实施相应的（扣除或提供）福利计划。

第十七章 结束语

第三十一条　这是公司提供的员工手册，它可以作为公司制度的一个概述说明。同时，它也是指导员工工作的行动指南。请员工花一些时间仔细阅读其中的内容，并且应对其陈述的制度与程序熟悉掌握。

公司员工行为规范范例

第一条　为了规范员工的日常行为及工作管理以提高工作效率，特制定此行为规范。

第二条　员工应遵守下列事项：

1. 尽忠职守，服从上级主管，不得有阳奉阴违或敷衍塞责的行为。

2. 不得泄漏业务或职务上的机密，或假借职权，徇私舞弊，接受他人的招待及贿赂，或以公司名义在外招摇撞骗而损害公司的名誉。

3. 不得经营与本公司类似及职务上有关的业务，或兼任其他厂商的职务；

4. 全体员工必须不断提高自己的工作技能，以达到工作上精益求精，提高工作效率的目的。

5. 员工在工作时间内，未经核准不得接见亲友或与来宾谈话，如确因重要事情必须会客时，应经主管人员核准在指定地点会见，时间不得超过15分钟。

6. 不得私自携带公物（包括生产资料及影本）出厂。

7. 未经主管或部门负责人的允许，严禁进入变电室、质量管理室、仓库及其他禁入重地；工作时间不准擅自离岗，如需离开应向主管人员请准后才能离开。

8.员工每日应注意保持作业地点及更衣室、宿舍环境的清洁。

9.员工作业不得怠慢拖延，作业时应全神贯注，严禁看杂志、电视、报纸以及抽烟，以便保证工作效率并防止危险的发生。

10.全体员工应通力合作、同舟共济，不得吵闹、斗殴或聊天闲谈，以及搬弄是非，扰乱工作秩序，影响工作环境。

11.全体员工必须了解，唯有努力生产，提高工作质量，才能获得改善及增进福利，以达到互助合作、劳资两利的目的。

12.各级主管部门负责人应时刻注意自身的涵养，管理所属员工，齐心协力，提高工作效率，使部属精神愉快，在职业上有成就感。

13.在工作时间中，除主管及事务人员外，员工不得接打私人电话，如确有重要事项时，应经主管核准后方得使用。

14.按规定时间上、下班，不得无故迟到、早退。

15.不得携带违禁品、危险品或与生产无关的物品进入工作场所。

第三条　员工工作时间以每周5天，每天8小时为原则；生产单位或业务单位每日作息时间另行公布实施。特殊情况或工作未完成者应自动延长工作时间，但每日延长工作时间不超过4小时，每月延长总时间不超过46小时。

第四条　经理级（含）以下员工上、下班均应亲自打卡计时，不得托人或受托打卡，否则以双方旷工1日论处。

第五条 员工如有迟到、早退或旷工等事情，依下列规定处分：

1.迟到、早退：

（1）员工均须按时上、下班，工作时间开始后3~15分钟以内到班者为迟到；

（2）每次迟到扣10元，拨入福利金；

（3）超过15分钟后始打卡到班者应办理请假手续，但因公外出或请假经主管证明者除外；

（4）工作时间终了前15分钟内下班者为早退；

（5）无故提前15分钟以上下班者以旷工半日论处，但因公外出或请假经主管证明者除外；

（6）下班而忘记打卡者，应于次日经单位主管证明才视为不早退。

2.旷工：

（1）未请假或假满未经续假而擅自不到职者以旷工论处；

（2）委托或代人打卡或伪造出勤记录者，一经查明属实，双方均以旷工论处；

（3）员工旷工，不发薪资及津贴。

公司员工考勤规定范例

第一条 为加强员工考勤工作，使其有章可循，依据本公司员工服务手册及有关制度，特制定本规定。

第二条 本公司员工考勤，除员工服务手册及有关办法另有规定外，悉依本规定办理。

第三条 工作时间。

1.员工应按规定时间上（下）班，并打考勤卡，漏打者不论其原因如何，均以迟到或早退论。

2.员工超过规定时间到工时：

（1）超过3~15分钟为迟到；

（2）超过15分钟，1小时以内按旷工1小时论；

（3）超过1小时按旷工半日论。

3.员工未到规定时间下工时：

（1）提前15分钟以内下工者为早退。

（2）超过15分钟提前下工者按旷工半日论。

4.下列两种需特殊处理：

迟到早退累计3次按旷工半日论；

因偶发事故迟到超过15分钟以上，经主管查明属实者，可准予补办请假。

5.白班员工除因工作特殊需要，经各部处主管事先安排者外，不得任意提早或推后上下班时间。

第四条 给假。

1.员工每周给予两天的休息，连续一周不上班者，该星期或例假日应作请假论。

2.员工全年国家及政府指定假日按国家政策规定。

3.员工请假规定：

（1）事假。

①如因特殊事情必须亲自处理，应在前一日下午5时前申请，经主管查实认可，并核准后，方为有效，一次不得超过5天。

②全年累计事假不得超过14天，超过时为旷工。

③事后申请视为旷工；但遇偶发事故，应于两日内出具证明，提出申请，经主管查明属实后准予补假。

④凡请事假当月累计4小时以内，计扣半天工资；超过4小时在8小时以内按1天计扣。

（2）病假。

①因病请假1天者，最迟应于请假的翌日提出申请，经主管签核后将请假卡送交人力资源部登记（大夜班可延后1天）。

②请病假1天以内者免附医师证明，但当月连续请病假1天以上或累计逾1天者必须出具当日就医的劳保或公立医院证明（私人医院无效）。

③全年病假累计不得超过30天，届满时因病情严重经公立

或劳保医院医师诊断必须继续疗养者，可酌情给予特别病假，但以3个月为限；现住院者，以1年为限。

④当月请病假1天者，本薪照给。

⑤若不按上列规定请假者，均以旷工论。

4.员工请假核准权限。

（1）1天由总领班核准；

（2）2～3天由主管核准；

（3）4～6天由经理（主任）核准；

（4）7天以上由副总经理核准；

（5）连续请假按照累计天数依上述规定办理。

5.员工因故外出。

（1）公差派遣；

（2）因病或紧急事故；

以上必须外出应先请准给假，并依规定填具请假卡，由主管核准签具出公司放行条后，打卡出公司（外出逾3分钟在1小时内，为1小时假，以此类推）。其上中夜班者或单位主管不在公司内时（加工部并须先经总务科），则向值班工程师，请准给假。

（3）其他零星事务，不予准假，擅自出公司者，依公司规定论处。

6.与生产无直接关系的公差或开会，应先经事务处签证后提经主管核批，在不影响工作的原则下核给公假。

7.公司内各项团体活动可由主办单位专案签准，在前条规定原则下酌情给予公假，到工会、福利会等会务接洽，除因时限或临时需要外，以下午3时以后联系协调为原则，并应向主管报备，必要时申请打卡外出。

（1）代（调）班必须于前一日下午5时前提出申请，已核准的代（调）班者，不得临时更换，如有任意更换或不报到者，代理人应作请假论，事后申请者不准。

（2）代（调）班员工必须填具申请卡送由当班班长转请主管核准后，方为有效。

（3）代（调）班在当月份内1人以3次为限，1次为1天以内；春节前后3个月内以5次为限。

（4）代理人必须与申请人属同一单位，且工作性质相同，经主管审核认为确实可以代理其职务方为有效，已申请特休人员，不得替人代班；如有任意替代者，申请人应作旷工论，代理人特休照算。

（5）为顾及员工健康，凡任何一方值大夜班者，不准代（调）班。

（6）代班以下列班次为限：

①本人早班可连中班（不得再连续加班）。

②本人中班可代早班（不得再连续加班）。

③休息日可代中班。

8.代班工资发给申请人（如欲代还时，必须符合有关规定）。

第五条 加班。

1.白班员工如逢星期例假加班，必须在前一日下午5时前申请填具加班卡，经由主管核签后，送交人事科审核登记。

2.平常工作时间以外的加班，其加班卡经主管核签至迟于翌日送人力资源部审核登记（如逢星期例假可延后一日送交人力资源部）。

3.各单位加班卡不能按前条规定时限检送者，不予计给或补发加班费。

4.大夜班临时叫人加班，工作在7小时以上，不满8小时者，夜班津贴照给；不满7小时者，无夜班津贴。

5.中班加班员工，由公司供给加班饭，不得外出用餐，中班津贴不给。

6.轮班工作单位上班后发现缺员临时找人加班，限半小时内到工，其半小时加班照计，超过时应扣除。

7.事先指定时间加班者，应准时到工，不得援用前项的末段规定，如有延后报到者，超过3分钟在30分钟以内，计扣半小时工资，超过30分钟在1小时以内者，计扣1小时工资。

8.加班审查程序：2小时以内由主管核准；2~4小时由经理（主任）核准；逾4小时由副总经理核准，并遵照公司规定，每月累计延时加班不得超过46小时。

行政办公规范管理制度范例

1. 为了使公司办公管理及文化建设上升到一个新的层次，特制定如下规定

2. **办公仪表规范管理**

（1）每周一至周四：男士着深色套装（马甲）、衬衣、皮鞋，必配领带；女士着深色套裙（或裤）、马甲、衬衣、皮鞋。

（2）周五：员工随意着休闲上装或长裤，女士可着裙装。

（3）服饰熨烫挺括，头发梳理整齐，领带正挺，皮鞋亮净。

3. **卡座区规范管理**

（1）**办公桌**：桌面除电脑、口杯、电话、文具外，其他物品不允许放在办公桌上。

（2）**辅桌**：放少量工具书、文件盒。

（3）**坐椅**：靠背、坐椅一律不准放任何物品，当人离开时要调正椅子。

（4）**电脑**：主机上方有显示器，电脑置写字台左前角。

（5）**卡座屏风**：不允许在内外侧张贴任何东西。

（6）**垃圾篓**：罩塑料袋，并放置在写字台下右前角。

4. 办公室规范管理

（1）办公桌：桌面置案头用品、电脑，不准放其他物品。

（2）辅桌：桌面除了放一些文件盒、笔筒、书籍外，其他物品不准放在辅桌上。

（3）电脑：显示器桌面呈45°角贴墙放置，横式主机置显示器下，竖式主机置桌面下。

（4）拖柜：置办公桌下左角或辅桌后部，面朝办公椅。

（5）垃圾篓：置辅桌后。

（6）饮水机：放在指定地点，不得随意改变位置。

（7）报刊：必须上报架，也可以阅读完后放入办公桌内。

（8）外衣及手袋：请置挂于衣帽间或柜子内，严禁随意放置于办公桌椅及地柜上。

5. 行政人员语言规范

（1）交往语言："您好"、"早晨好"、"早"、"晚"、"请问"、"请您"、"劳驾您"、"关照"、"谢谢"、"周末愉快"、"拜拜"。

（2）电话语言："您好"、"请问"、"谢谢"、"再见"。

（3）接待语言："您好"、"请稍候"、"我通报一下"、"请坐"、"对不起"、"请登记"、"我马上去联系"、"打扰您一下"、"好的"、"行"（绝对不能说"不"）。

6. 行为规范

（1）凡属于本公司员工上班时需要戴胸卡。

（2）坚守工作岗位，不允许串岗。

（3）上班时间不允许看报纸、玩电脑游戏、打瞌睡或做其他与工作无关的事情。

（4）办公桌上应保持桌面整洁，并注意保持办公室的安静。

（5）上班时穿西装和职业装，不允许穿超短裙与无袖上衣及休闲装，不要在办公室化妆。

（6）接待来访和业务洽谈需在会议室进行。

（7）不要因私事长时间占用电话，不要因私事用公司电话拨打长途电话。

（8）不要在公司电脑上发送私人邮件或上网聊天。不经批准不得随意上网。

（9）未经允许，不要使用其他部门的电脑。

（10）所有发出电子邮件必须经部门经理批准，以公司名义发出的邮件须得到总经理批准。

（11）未经总经理批准和部门经理授意，不要索取、打印、复印其他部门的资料。

（12）不要早退迟到，否则按标准对工资进行扣发。

（13）请假须经部门经理、分管副总或经理书面批准，到办公室备案；假条未在办公室即时备案，公司以旷工论处，工资要扣减。

（14）平时加班必须得到部门经理批准，对于事后备案的情况不发加班费。

（15）不论任何原因，不得代他人刷卡，否则将被公司开除。

（16）因工作原因未及时打卡，须及时请部门经理签字后于次日报办公室补签，否则会作旷工处理。

（17）加班必须要事先由部门经理批准后再向办公室申报，如果属于加班后申报的情况，办公室将不予认可。

（18）在月末统计考勤时，办公室对任何空白考勤不予补签，如因故未打卡，请到办公室及时办理。

（19）吸烟到卫生间，否则将被罚款。

（20）请病假如无假条，一律认同为事假。请假条应于事前交办公室，否则将视为旷工。

（21）市场部因当日外勤而不能回公司打卡的员工，需要由部门第一负责人在当日8时30分以前写出名单，由办公室经办人打卡。

（22）凡出远勤达1天以上者，必须填写相应的领导批准的出差证明单。

（23）各部门全体外出，必须给总经理办公室打招呼；因故临时外出，必须请示部门经理。

（24）不得将公司烟灰缸、茶杯、文具等公司物品带回家私用。

（25）在业务宴请中，员工勿饮酒过量。

（26）无工作需要不得进入经理办公室、计算机房、客户服务中心、档案室、打字室、财务部，以及会议室、接待室等。

第九章
文件处理及设备使用规范

复印机的使用规定范例

1.要办理复印文件资料登记审批手续，详细填写复印时间、保密等级、份数，经过企业办公室主任批准签字后送往复印室复印。

2.每天下午5时关机，过时送来的文件将延至次日复印；急件经办公室主任批准后，方可临时开机复印，确保企业复印机的安全运转。

3.由专人保管、使用复印机，未经允许，其他人员不得自行开机。

4.不得擅自使用企业复印机复印绝密文件和个人材料。若需要复印机密文件时，必须得到企业领导的批准。

5.本规定适用于各部门所属复印机的管理。

网络使用管理规定范例

1.为规范企业网络的管理，确保网络资源高效安全地用于工作，特制定本规定。

2.企业网络资源是公司出于工作目的的投资。个人由于一般业务学习、收看新闻或娱乐等而需用网络的必须在自己家中进行。

3.本规定涉及的网络范围包括企业各办公地点的局域网、办公地点之间的广域连接、企业各片区和办事处广域网、移动网络接入、Internet出口以及网络上提供的各类服务，如电子邮件、代理服务、Notes办公平台等。

4.作为企业网络的规划、设计、建设和管理部门，管理工程部有权对企业网络运行情况进行监管和控制。知识产权室有权对企业网络上的信息进行检查和备案，任何引入与发出的邮件，都有可能被备份审查。

5.由管理工程部统一规划建设公平网络结构并负责管理维护，任何部门和个人不得私自更改网络结构，办公室如需安装集成器，必须事先与网络管理员取得联系。个人电脑及实验环境设备等所用IP地址必须按所在地点网络管理员指定的方式进行设置，不可擅自改动。任何人不允许在网络上从事与工作无关的事项，违反者将受到处罚。同时，也不允许任何与工作无关的信息出现在网络上。

6.严禁任何人以任何手段蓄意破坏企业网络的正常运行，或窃取企业网上的保护信息。

7.由管理工程部统一对企业网上服务如DNS（域名系统）、DHCP（动态主机设置协议）、WINS〔Windows网际服务）等进行规划，任何人、任何部门不得擅自在网上设置该类服务。

8.禁止任何个人私自订阅电子杂志，经审批后由图书馆集中订阅和管理。

9.严禁在企业网络上玩任何形式的网络游戏、浏览图片、欣赏音乐及进行其他与工作无关的活动。严禁任何部门和个人在网上私自设立BBS（电子公告板）、个人主页、WWW（万维网）站点、FTP（文件传输协议）站点及各种文件服务器。

10.应高度重视企业的技术秘密和商业秘密的保护，对于需要上网的各类保密信息必须保证有严格的授权控制。为确保广域网的正常运行，禁止通过各种方式，如利用邮件、FTP、 Win2000共享等在广域网中传送超大文件。

11.对各种工作用文件服务器的申请，需经系统主管审核，由管理工程部批准后方可设立，擅自申请者将受到降薪一级的处罚。

12.对于在企业网上散布淫秽的、破坏社会秩序的或政治性评论内容的个人，应予以辞退处理，情节严重者将移交司法机关处理。

13.对于那些私自设立BBS、个人主页、WWW站点、FTP站点等各种形式网络服务的责任人，或玩网络游戏的个人，首次发现者降薪一级，再次发现者将其降职，第三次应予以辞退处理。

14.对于蓄意破坏网络正常运行、蓄意窃取网上秘密信息的个人，作辞退处理，并追究法律责任。对于在网上设立各种形式的网络游戏服务的责任人，处以降薪一级或辞退的处理。

15.未经许可任何部门不得在网上挂任何应用系统。对于私自更改网络结构，私自设置DNS、WINS等服务的责任人，处以罚款、降薪等处罚。

16.任何员工发送与工作无关的电子邮件，将处以降薪、降职及辞退的处罚，有意接收与工作无关的邮件，每次罚款100～500元。任何员工在上、下班时间，通过企业网络查阅与工作无关的内容，一次降薪一级。

17.对于其他任何利用网络资源从事与工作无关的行为，将对其处以罚款、降薪等处罚。对于由管理不善引起企业秘密泄露的责任人，处以罚款、降薪、降职等处罚。

长途电话使用规定范例

1.为使电话发挥最大效力并节省话费，特制定本办法。由管理部统一负责管理，各部门主管负责监督与控制使用

2.一般电话使用规范

（1）应对通话内容稍加构思或拟出提纲再使用电话。

（2）通话时应简洁扼要，以免耗时占线、浪费资金，每次

通话时间以3分钟为限。

（3）为体现公司员工良好的文化素养和精神风貌，通话时一定要注意礼貌。

3. 长途电话使用规范

（1）需配置专用长途电话记录表（具体表格略），对使用人、受话人、起止时间、联络事项及交涉结果进行逐次记录。该表每月转管理部主管审阅。

（2）限主管以上人员使用长途电话。

（3）需先经主管批准，其他人员才可使用长途电话。

（4）禁止因私事拨打长途电话。

4. 违反上述长途电话使用管理规范者，或未进行登记和记载不实者，将视情节轻重进行批评或处分

企业设备使用规范范例

1. 电梯

（1）自动扶梯：保持扶梯清洁，不得用自动扶梯搬运商品。如发现扶梯有异常，应及时通知企业管理人员，不可擅自按紧急停机按钮。由企业管理人员开启、关闭自动扶梯。

（2）货梯：严禁把货梯作为代步设施使用，货梯不得超载。不得大力敲击操作键，应严格按照货梯使用说明操作。搬运商品进出货梯时不得碰撞货梯。如中途出现故障等不安全因素，应按铃求援，不允许乱敲操作键。货梯到达后，应立即把商品一次性卸下，不允许用物品阻挡货梯门，长时间占用货梯。货梯应由专人开启、关闭。

（3）观光电梯：不得使用观光电梯搬运商品。严禁损坏电梯内设施及玻璃围墙。保持电梯清洁，不得将杂物扔在电梯内。严禁在电梯内乱张贴广告。观光电梯由专人开启、关闭。

2. 冷、热柜

（1）食品陈列柜用于下列商品的冷冻、保鲜及保温，如蔬菜、水果、奶制品、鱼肉类、冰激凌、蛋糕、煎炸、卤制食品等。

（2）按照公司规定执行冷、热柜的操作。

（3）商品上柜前需将陈列柜内外清理干净，与总办驻店人员配合每周对陈列柜做全面清理。

（4）柜组人员应每2小时检查一次柜内温度，并在登记卡上做好记录，如发现柜内温度异常，应立即通知总办驻店人员。

（5）柜内存放的商品不能超过柜内存货标示高度；向食品陈列柜内放置商品时应轻取轻放，为确保柜内冷、热气对流，摆放商品时，不能堆积、堵塞通风口。

（6）严禁在柜边上敲打冰冻商品，上货时不能将货箱（框）压在陈列柜边沿上，严禁往来车辆碰撞食品陈列柜。

（7）营业结束后应将立式冷冻、冷藏陈列柜的幕帘拉下来，对卧式冷冻冷藏陈列柜应加盖保温盖，并关闭照明电源。

3. 电子防盗设备

（1）收银员在营业前应检查消磁板电源是否插好，检查硬标签放在上面发出响声是否正常。

（2）在营业前要检查防盗门的电源是否插好，软标签通过时是否能正常报警。

（3）软标签粘贴时禁止折叠，尽量保证软标签的平整。

（4）对于金属商品或带有铝铂纸的商品不能使用软标签。

（5）对于一部分为金属，另一部分为其他材料的商品，把软标签贴在其他材料上面。

（6）应保持防盗门连续供电，严禁随意断电，特殊原因断电后必须间隔5分钟后再开启。

（7）防盗门周围0.5米处，不能有金属物品或装有防盗标签的商品。

（8）首先用扫描器扫描商品条码，确认商品信息进入电脑后，再把商品放在消磁板上。高度不超过10厘米的商品直接放在消磁板上即可消磁，高度超过10厘米的商品则将商品平放在消磁板上。

4. 封口机

封口机主要用于压封商品塑料包装袋，每次压封时间应控制在10秒钟以内，严禁超时。压封强度不宜过大，且应待塑料袋冷却后方可取出。应经常用干抹布擦拭机身，清洁时必须切断电源。保持接口处电热丝洁净。严禁空压机器。

5. 对讲机

（1）使用对讲机时要严肃认真，并运用礼貌语言，通话要简明扼要；禁止使用对讲机聊天或讲与工作无关的事。

（2）上班时要打开对讲机电源开关，随时准备接收总调度室呼叫，下班时要立即关闭对讲机。

（3）如发生意外，要即刻向总调度室报告，请示处理办法。

（4）对总调度室的呼叫，要立即回话，服从调度，不得故意不回答。

（5）如有特殊营运任务，如到郊外、长时间、远距离运送客人，需得到总调度室的同意方可执行。

（6）不得将对讲机互换或借给别人，要对其妥善保管，损坏或丢失要追查原因，如失职损坏或丢失对讲机要按价赔偿。

（7）当司机离开车位，要向总调度室报告员工做事的内容，取得同意方可关机，并要锁好车门，回来时应立即开机，并向总调度室报告。

6. 手动液压叉车

（1）需要顾客让路时，应提示"对不起，请（您）让一下"。使用叉车时，只能从前面拉，不能从后面推，避免叉车及所载商品与周边人员、商品、设施发生碰擦。

（2）叉车上的商品堆放高度超过1米时需有人扶住商品，严禁超过1.5米（单件大电器除外）。

（3）拖运商品严禁超过各叉车额定承载量，使用叉车时，叉车提升高度以垫板离地面2~3厘米为准。

（4）除利用其正常承载商品外，叉车上严禁站人，禁止用于其他用途，严禁在过道或空地上玩耍叉车。

（5）暂时不使用的叉车要有序地摆放在指定地点。

第十章

印章、文书、档案

管理规范

企业印章管理

印章指的是刻在固定质料上能对集团或个人权力有代表作用的，起到集团或个人凭信作用，以及表明某种印记的图章。公章指的是代表集团的印章，私章指的是代表个人的印章。企业法人代表、总经理的个人印章，在企业对外活动中（如对外履约），同样起着公章的作用。当然，除了以上两种印章外，企业还有其他业务用章。印章除用于公文外，平时多用于开具介绍信和各种凭证，如聘书、任命书、代表证等。

印章的刻制是印章管理工作的一个重要环节。除了经理图章及戳记章外，不论是哪一家企业的印章，都要有其上级集团（公司）或主管局批准其成立的正式公文，才能办理刻制手续。刻制印章时，须由制发印章的集团（公司）开具公函，到制发印章的集团（公司）所在地的公安部门办理登记手续，并详细写明印章的名称、式样和规格。公安部门指定适当的刻字单位承担印章的刻制任务。

启用企业印章指的是印章从什么时候开始生效使用。启用印章应选择好时间，并提前向有关单位发出正式启用印章的通知，与此同时上报集团（公司）进行备案。在印章启用通知规定的生效之日前该印章是无效的，只有在启用通知中规定的启用时间开始后，印章方可使用。由于机构变动、式样改变或企业易名等原因造成的印章停用，有关负责人应认真做好以下工作：

（1）按照通知的规定停止印章的使用。

（2）对所有停用的印章进行清查。

（3）报请总经理审定印章的处理办法。

（4）做好印章的上缴、清退、存档或销毁工作。

属于总经理个人的印章，应该退给他本人。旧印章停用，一般和新印章启用同时对外通知。作废的旧章用红色；启用的新章用蓝色，用以表示刚刚启用。

为保证印章的绝对安全和正常使用，正式印章、专用印章、钢印和手印均应由专人负责保管。缩印一般是在印刷凭证时使用的，也应按使用印章的相关规定予以办理。企业的印章一般由机要秘书保管。保管时，所有印章均置于牢固的柜子或者抽屉之内，并专门加锁。对所保管的印章，应该经常检查，及时清洗，细心保护。在节假日或夜间无人看守时，应将所有印章密封起来。如果发现保管的印章有异常情况或丢失的现象，应该保护现场，并及时向保安部门报告，查明情况，及时处理。必要时，应该报告公安机关协助查找。

使用印章同保管印章一样，一定要有严格的制度，以防出现偏差和漏洞。

介绍信、凭证的管理

1. 介绍信的管理

介绍信通常由总经理办公室机要秘书负责保管和开具。开具介绍信要严格履行审批手续，严禁发出空白介绍信。对介绍信的存根需要归档，保存期为5年。如果情况发生变化，介绍信领用人没有使用介绍信，应即时退还，将它贴在原存根处，并对其情况作出说明。如发现介绍信丢失，应及时采取相应的措施。介绍信类型主要有3种，包括：信笺介绍信、存根介绍信以及证明信。

（1）信笺介绍信。这种介绍信多是联系某项工作使用的，能够表达较为复杂的内容。

（2）存根介绍信。这种介绍信通常为铅印，分成两联：一联是存根，即副联；另一联是外出用的介绍信，即正联。正副联中有一间缝，正副联都有连续号码。除需在正联下方盖公章的情况外，在正副联间缝处也要骑缝盖公章。此类介绍信主要是用于介绍某人到何处办何事的一个凭证。这些专用介绍信有特定的内容和样式。在存根介绍信中，还包括专用介绍信，如购买飞机票介绍信、办理出国护照介绍信以及业务部门专用介绍信等。

（3）证明信。证明信是以企业的名义证明某人的身份、经历或者有关事件的真实情况的专用书信。证明信分两种：一种是以组织名义发的证明信，另一种是以个人名义发的证明信。除个人盖章外，组织也需要盖章用以证明此人的身份。

2. 凭证的管理

凭证包括工作证、发票等票证。凭证管理，有两层意思：一是未盖公章或专用章的空白凭证，虽然还不具备生效的条件，但仍必须严格保管好，以防丢失外流；二是加盖公章并已具有效力的凭证，要予以严格保管和使用。

凭证的管理要求做到严格履行验收手续，建立凭证文书登记，选择保密的地点和坚固的箱柜，有条不紊地进行入库保存并严格出库登记。对凭证进行定期进行检查，若发现异常情况，要随时提出处理意见。对于有价证券和其他主要凭证，应按照国家规定的金库管理办法进行管理。同时，凭证文书具有很高的查考价值，大多需要永久保存。因此，一切有关凭证的正件、抄件、存根、复写件和文稿、草图、签发资料都应该及时整理，妥善保存，并按立卷归档的规定进行随时分类入卷，并定期整理归档，不得随意丢失，更不准自行销毁。

印章管理制度范例

1.为规范公司对印章的改正、废止、管理及使用，特制定本规定。

2.本规定中所指印章指在公司发行或管理的文件、凭证文书等与公司权利义务有关的文件上，因需要以公司名称或有关部门名义证明其权威作用而使用的印章。

3.由总经理办公室主任提出公司印章的制订、改刻与废止的方案。

4.提出的方案中对新旧公司印章的种类、名称、形式、使用范围及管理权限由总经理办公室主任作出说明。

5.公司印章的废止由总经理办公室主任负责，更换或废止的印章应由规定的各管理人迅速交还给总经理办公室主任。

6.除特别需要的情况外，由总经理办公室主任将废止印章保存3年。

7.公司印章散失、损毁、被盗时，各管理者应迅速向公司递交说明原因的报告书，总经理办公室主任则应根据情况依照本章各条规定的手续作出相应处理。

8.总经理办公室主任应将每个印章登入印章登记台账内，并将此台账永久保存。

9.印章在公司以外登记或申报时，应由管理者将印章名称、申报年月日以及申报者姓名汇总后报总经理办公室主任。

10.公司印章的使用依照手续。

（1）使用公司或高级职员名章时应当填写"公司印章申请单"（以下简称申请单），写明申请事项，征得部门领导签字同意后，连同需盖章文件一并交印章管理人。

（2）对于使用部门印章和分公司印章，需在申请单上填写相关用印理由，然后送交所属部门经理，获认可后，连同需要用印文件一并交印章管理人。

11.公司印章的使用原则上由印章管理人掌握。印章管理人必须严格控制用印范围，并仔细检查用印申请单上是否有批准人的印章。

12.代理实施用印的人要在事后将用印依据和用印申请单交印章管理人审查。同时，用印依据及用印申请单上应用代理人印章。

13.公司印章原则上不允许带出公司，如果确实属于工作需要，需经总经理批准，由申请用印人写出借据，并对借用时间进行标明。

14.印章主管人应将文件名称及制发文件人姓名记入一览表以备查考。常规用印或需要再次用印的文件，如事先与印章主管人取得联系或有文字证明者，可省去填写申请单的手续。

15.公司印章的用印依照原则有：公司、部门名章及分公司名章，分别用于以各自名义行文时；职务名称印章使用在分别以职务名义行文。

16.用印方法介绍：

（1）应将公司印章盖在文件正面。

（2）盖印文件必要时应盖骑缝印。

（3）除对盖章的特殊规定外，盖公司章时一律使用朱红印泥。

（4）在得到经理批准后，对于股票、债券等张数很多，盖章麻烦时，可采取印刷方式。

17.本规定实行日即为规定的发布之日。

印章使用管理规定范例

1.印章的种类：

（1）印鉴指的是公司向主管机关登记的公司印章或指定业务专用的公司印章。

（2）职章指的是刻有公司董事长或总经理职衔的印章。

（3）部门章指的是刻有公司部门名称的印章。对于不对外单位的部门章可加注"对内专用"。

（4）职衔签字章指的是刻有经理及总经理职衔及签名的印章。

2.印章的规定使用办法：

（1）涉及政策性问题、对公司经营权有重大关联或以公司名义对政府行政、税务、金融等机构以公司名义的行文，需要盖公司章。

（2）以公司名义对国家机关团体、公司核发的证明文件，以及各类规章典范的核决等由总经理署名，盖总经理职衔章。

（3）以部门名义对厂商、客户及内部规章典范的核决行文由经理署名，这时应盖经理职衔签字章。

（4）各部门于经办业务的权责范围内及对于民营事业、民间机构、个人的行文以及收发文件时，加盖部门章。

3.印章的监印：

（1）总经理职章及特定业务专用章要由总经理指定本公司的监印人员。

（2）总经理职衔签字章的监印人员为管理部主管。

（3）经理职衔签字章及部门章由经理指定监印人员。

4.印章的盖用：

（1）用印前，需填写"用印申请单"，经主管核准后，可以连同经审核的文件文稿等交监印人用印。

（2）监印人除于文件、文稿上用印外，应于"用印申请单"上加盖使用的印章存档。

5.各种印章都是由监印人负责保管，如果发生遗失现象，也要由监印人负全责。

6.监印人对未经刊行文件，不得擅自用印，对于违章者要给予一定的处罚。

7.印章遗失时除需立即向上级报备外，还应按相应法规进行公告作废。

8.本办法需要得到总经理核准后才可以进行修改和施行。

办公室档案管理制度范例

1.档案资料指的是企业各部门及个人从事公务活动时所形成的具有保存价值的各种文字、图像、声像等不同形式的历史记录。

2.企业需要对基建工程项目档案、文书档案、财务档案、销售业务档案等进行归档处理。根据档案法规相关规定，各业务档案由各职能部门整理、立卷保管，涉及企业全局性的、综合性的文书和档案资料需要由总经理室进行立卷归档。具体内容包括以下几个方面：

一是企业及各部门召开的专业会议和研讨会资料，主要包括会议筹备、召开的时间、地点、出席人员、文件资料、会议程序、领导讲话、简报总结等。

二是各部门专题研究报告、调研资料等。

三是以企业名义进行的发文。

四是上级主管单位和行政管理机关的文件。

五是各种基建施工图纸、合同。

六是重要的照片、录音资料、题字、题词等。

3.企业档案工作实行原则是集中统一管理、分级负责保管，对企业档案实行统筹管理，统一调度，并对其他职能部门的档案管理工作进行监督和指导。

4.立卷按永久、长期、短期分别组卷。卷内文件要把正文和底稿、文件和附件、请示和批复一起存放。卷内页号位置统一。

5.案卷厚度要适中，一般控制在2厘米左右，超过2厘米的案卷可立分卷。

6.按照卷内文件之间的联系，进行系统排列，编序号，并抄写案卷题目和案卷封面，确定保管期限，装订案卷，编制案卷目录等。

7.保管箱上要编上顺序号及标明存放案卷年号与卷号。案卷按年份、机构排列，永久与长、短期案卷分开保管。

8.为了方便查找，提前做好文件索引。

9.由各部门秘书或资料员负责档案资料的收集、立卷和保管工作。每天要及时将文件和资料归档，以免散失、积压。

10.每年清理一次档案资料，对档案材料的数量和保管情况进行检查，发现问题及时采取措施补救。

11.清查档案时，对已经失效的档案按规定进行销毁。进行销毁时应注意：销毁档案前要经过认真鉴定，确定要销毁的档案要列册登记；提出销毁报告，报企业主管领导审批；销毁档案材料要严格执行保密规定；销毁档案材料时，必须指派专人监督，以防泄密。

12.档案管理人员必须认真贯彻有关档案管理工作的政策、方针、法规，忠于职守，严守机密，做好档案管理工作。对于以下所列情况，根据情节轻重给予相应的处罚。

（1）将属于企业所有的档案据为己有或拒绝将应归档的文件资料上交归档。

（2）对于应保存的档案，损毁、丢失或者擅自销毁。

（3）擅自提供、抄录、公布企业档案以及应当保密的档案。

（4）涂改、伪造档案。

（5）由于玩忽职守而造成档案损失。

第十一章

员工绩效考核管理工作

绩效考核的内容及形式

1. 考核的内容

（1）高层管理者："做正确的事"，因此，主要针对基于战略目标实施的KPI指标考核，同时也要考核管理状况。

（2）中、基层管理者："把事做正确"，因此，主要基于KPI指标落实的工作目标完成情况进行考核。

（3）业务人员："正确地做事"，因此，不仅强调工作计划的完成、工作职责的履行，更要关注工作执行过程中的规范性、主动性、责任性等关键行为。

（4）操作类人员的考核相对比较简单，因为他们的大多数工作是可以计量的，因此主要基于绩效原则的计量考核。

2. 考核的形式

采用什么考核形式主要取决于考核对象的职位特点、考核内容和考核目的。

（1）由于高层管理者不仅强调"会做事"，更要关注"思路清晰"，而述职考核形式恰好能够达到这样的目的。

（2）中、基层管理者承担着上传下达的任务，如何将高层管理者承担的基于战略的KPI目标和关键措施落实，中、基层管理者的作用至关重要。因此，对于中、基层管理者，不少企业也采用述职考核的方式。通过述职，一方面让高层确信中层在沿着预定的目标前进，同时，也便于高层管理者及时掌握环境变化信息，及时调整思路，采取针对性的应对措施。

（3）业务人员的考核形式更多采用的是考核表格的方式，上下级将考核内容列入考核表，最后依照预定的目标和要求进行评价。

（4）操作类人员的考核内容是TQCS，即时间、数量、质量、成本，考核形式更多用的是过程记录表。

员工的业绩考核

任何企业，只有创造出一定的利润来，才能够继续生存和发展。那么利润从哪里来呢？没错，它是由员工创造出来的，只有每个员工都朝着企业的发展目标努力去工作，企业才能兴旺发达。

在企业中，对员工的工作业绩进行考核是非常重要的。

俗话说"言必行，行必果"，业绩是行为的结果，业绩考核就是对行为的结果进行考核和评价。

结果可能有效，也有可能无效，行为结果的有效性是对"目的"而言的。所以，业绩往往被认为是有效的结果，也称作成果、效果或绩效等。同样，业绩对目的而言，又被认为是一种"贡献"和"价值"，业绩的大小，被认为是贡献或价值的大小，即贡献度或价值量。业绩考核，就是考核组织成员对组织的贡献，或者对组织成员的价值进行评价。

考核是一个被广泛运用的概念，评先进、评劳模、评积极分子、评议干部，大都带有这种色彩。这是因为人们普遍认为业绩应该具有客观可比性，唯有依靠业绩对人进行评价才有可能是公平或公正的。

对一个企业的经营者来说，希望每一个员工的行为能够有助于企业经营目标的实现，为企业作贡献，这就需要对每个员工的业绩进行考核，并通过考核掌握员工对企业贡献的大小和价值的大小。

那么，员工的业绩包括什么呢？可以用两个词加以概括——效率和效果。

效率，是指投入与产出的关系。对于一定的投入，如果能获得比别人多的产出，那么你的效率就高；或者说，对于同样的产出，投入的比别人都少，那么你的效率也是高的。

比如，裁剪同样一件衣服，别人需要7尺布，而你由于改变了方法，只需要5尺布就够了，那么你的效率就比其他人高；类似的，用同样的布，别人只能裁出一件衣服来，而你却可以裁出同样的两件衣服，你的效率当然也就比别人的高。

针对效率问题，美发中心的经理可能会产生这样的疑问："我们这里并不生产产品，那么怎样考核服务员的效率呢？"

其实，在投入方面，除了原材料以外，还有一个重要的因素，那就是时间。对于类似于美发中心这类的服务性行业，就可以用时间来衡量员工的效率。服务员甲修剪一个发型需要40分钟，而乙修剪同样的发型只需30分钟。很明显，乙的效率就比甲的高。

在生产性企业，对时间的考核也是很重要的。我们用服装厂的例子来说明这个问题。A和B两个人裁剪同样一件衣服都用了5尺布，那么他们谁的效率高呢？这就要借助于时间了，A裁剪这件衣服花了10分钟，B则用了15分钟才完成，显然A的效率比较高。

"如果A、B两人裁剪同样的衣服，花费的时间不同，耗费的布匹数量也不同。那么，怎么来考核他们的效率呢？"

这里，就不仅仅涉及效率，还存在着一个工作的效果问题，当员工的工作实现了企业的目标时，我们就可以说他的工作是有效果。企业的目标，一般而言都是创造利润、维系生存，并谋求更大的发展。

所以，在对员工的效率进行考核时，还必须要考核他们的工作效果。

我们再来看一下这家服装厂。A裁剪一件衣服用10分钟，需要7尺布；B裁剪这种衣服要用15分钟，但他只需要用5尺布。假设每尺布的进价是1元，每件衣服的卖价是10元。那么在1个小时内，A创造的利润是18元，而B却可以创造出20元的利润。每天按工作8小时计算，B就比A多创造出16元的利润。那么这两个人谁的工作效果好呢？当然是B了。

美发中心同样存在这一问题。虽然乙的工作效率高，但是如果他修剪的技术不高，顾客对他的服务不满意，以后就不会再找他修剪头发了。连顾客都没有了，工作效率再高又有什么用呢？

可见，效率涉及工作的方式，而效果则涉及工作的结果。任何企业都在朝着"高效率+高效果"这一方向努力，那么对员工的考核当然不能少了这一内容。

员工的能力考核

有些人在企业中工作得非常好，可能是因为他们所从事的职务工作十分简单，十分容易；相反，另一些人在企业中干得十分吃力，工作完成得不那么出色，也许是因为他们所担当的工作任务很艰难、很复杂。不能因此认为前者对企业的贡献大，后者对企业的贡献小，这样的评价是不公平的。

假如企业中的职务，或者对企业贡献和作用不同的工作，由员工自由而充分地进行选择，就像在一些企业中实行的"员工竞争上岗"、"干部双向选择录用"等制度一样，那么一些困难而复杂的职务，往往表现为对企业相对价值、贡献和作用较大，表现为这些职务由能力较强者担当。这是公平的、可接受的准则。

所以，在业绩考核的同时，还必须进行能力考核。换言之，能力不同，所担当的工作重要性、复杂性和困难程度不同，贡献也就不同。

能力考核与业绩考核如同跳高运动一样，当跳过某个高度时，就有了对应的成绩，由裁判员进行"考核"。你可能发挥得很好，比其他选手跳得都出色，甚至你可能会打破这一级别的纪录，理所当然你就应该得到相应的荣誉和嘉奖，这就是"业绩考核"。但你还必须进一步努力，提高跳高技巧和能力，达到更高一级的水平，你才可能享受更高级别的待遇，这就是"能力考核"及其意义。

对一个组织来说，不仅要追求现实的效率，还要追求未来可能的效率，希望把一些有能力的人提升到更重要的岗位，希望使现有岗位上的人能发挥其能力，所以，能力考核不仅是一种公平评价的手段，也是充分利用企业人力资源的一种手段。同样，把一个能力偏低的人调离其现职，无疑有利于企业效率的提高。所有这些，单纯依靠"业绩考核"是做不到的。业绩充其量只能回答他在现有岗位上干得如何，但回答不了现有岗位是否适合他。

能力与业绩有显著的差异，业绩是外在的，是可以把握的，而能力是"内在"的，难以衡量和比较。这是事实，也是能力考核的难点。

"那么怎么来考核员工的能力呢？"管理者都非常关心这个问题。把"能力"分解成具体的、可以测量的外在内容，问题不就解决了吗？具体来讲，能力可以分解成四部分：一是常识、专业知识，二是技能和技巧，三是工作经验，四是体力。

为了更好地说明这一问题，不妨来看一个例子。对于航空公司的驾驶员来讲，要想获得驾驶资格，就必须掌握许多常识以及驾驶的知识，此外还要了解与驾驶飞机相关的气象知识、航天航空知识、通讯导航知识、飞机维修和制造知识……并通过考试合格。但这仅仅是"能力"的一部分而已。此外，要经过一定时间的模拟飞行、操作练习，直到掌握操作技能，并通过合格，这才有驾驶资格。换言之，要取得驾驶执照，就必须具备知识与技能，即能力的前两个构成内容。

真正要单独飞行，还得"随机"若干年，从最基本的工作干起，甚至要从维修飞机干起，积累若干年与飞行有关的基本工作经验之后才能允许你单独飞行。这就是能力构成的第三部分内容，即"经验"。好的驾驶员，是以飞过多少小时而论的，如百小时飞行员。

当你真正成为飞行员后，也不是说想飞行就能够飞行的，必须由医生开具"许可证"，即必须由医生证明你体力没问题，可以飞行，你才有资格登机驾驶。飞行员年纪一大，体力衰退，就得及时调换，这就是能力的第四部分构成内容。

员工的态度考核

一般说来，能力越强，业绩就可能越好。可是有一种现象使你无法把两者等同起来，这就是在企业中常可见到的现象：一个人能力很强，但出工不出力；而另一个人能力不强，却兢兢业业，干得很不错。两种不同的工作态度，就产生了截然不同的工作结果，这与能力无直接关系，主要与工作态度有关。企业是不能容忍缺乏干劲、缺乏工作热情，甚至懒惰的员工存在的。所以，需要对员工的"工作态度"进行考核。

对于工作态度这一点，日本的土光敏夫有着独到的见解。他从自己长年从事的经营管理工作中深刻地体会到："人们能力的高低强弱之差固然是不能否定的，但这绝不是人们工作好坏的关键，而工作好坏的关键在于他有没有干好工作的强烈欲望。"他总结说："人们能够具有对工作的强烈欲望并且能长久地存在下去，这是最重要的。具有了这种强烈欲望的人，才可以说是具有了成功法宝的人。"同时，他还认为：尽管有的人很有才能，但由于对工作的热情和欲望不同，一段时间以后，也会产生很大的差异。土光敏夫个人成功的历史就是工作热情充分表现的历史。

土光敏夫年轻时，在石川岛造船所和石川岛芝浦透平会社工作过，就是凭着一股子热情和强烈的欲望，才使他赢得了成功。

当时在石川岛的人员中，充满了一种"为了事业的人请来，为了工资的人请走"的工作气氛，因此吸引了大批技术高超、事业心强的人来这里工作。那时的土光敏夫只是一个技术员，为了使自己不落后，他一方面努力提高技术，另一方面攻读德语。凭着自己的热情和工作欲望，在石川岛工作期间，他成功研制了国产发动机，使大量使用进口产品的厂家开始使用国产产品。

有人问起此事时，土光敏夫总是说："我没有什么超人的才能，但我有着永不熄灭的工作热情和强烈的工作欲望。"

可以这么说，工作态度是工作能力向工作业绩转换的"中介"。但有一点我们必须承认：即使工作态度不错，工作能力也未必一定能全部发挥出来，转换为工作业绩，这是因为从能力向业绩转换的过程中，还需要除个人努力因素之外的一些"辅助条件"，有些是企业内部条件，如分工是否合适、指令是否正确、工作场地是否良好等；还有企业的外部条件，如市场、产品、原材料等方面的因素。

员工的个性考核

一位经理请专家给他的公司做人事诊断，因为他发现员工的业绩普遍比较糟糕。经过详细的"诊断"，专家最后找到了病因——这位经理在安排工作时犯了错误。他把那些性格内向、不擅社交的人安排去搞销售工作，而让性格外向、活泼好动、喜欢与人打交道的员工去做财务工作。这样安排，员工怎么可能做出令人满意的业绩呢？

在企业中，这是一个普遍存在的问题。"干一行，爱一行"，"我是一颗螺丝钉，无论放在哪里都能发光"……正是这种思想的影响，许多企业在为员工安排工作时，根本就没有考虑他们的个性。

其实，我们每个人的个性——包括性格、气质等都是不同的，正是由于个体在心理特性上的差异，才会出现不同的人干同一件工作会产生不同的效果的情况。只有当员工的个性特征与工作类型相匹配，才能更好地发挥他的优势，把工作完成得更加出色。

接着上面的例子继续说下去。找到病因后，专家就向经理建议重新安排员工的工作，让性格内向的员工去干财务，销售工作则交给性格外向的员工。经过这一调整，情况很快就发生了转变，公司的各项工作完成得都比以前出色。

因此，在对员工进行考核时，也不能忽视对其个性进行考查。在人的个性中，气质是最主要的方面。气质也就是我们通常所说的"脾气"、"性情"，它是一个人在生理基础上形成的稳定的心理特征。按照人的高级神经活动差异，心理学家把人们的气质划分为四种类型：胆汁质、多血质、黏液质、抑郁质。每种气质类型的人在性格上都有各自的长处与不足。

（1）胆汁质：具有这种气质的人，精力旺盛、行动迅速、易于激动、直率、进取心强、大胆倔强、敏捷果断，但是自制力差，有时候甚至刚愎自用，不听劝告。

（2）多血质：具有这种气质的人，灵活机智、思维敏锐、善于交际、适应性强、活泼好动、情感外露、富于创造，但是他们往往粗心大意、情绪多变、富于幻想、生活散漫、缺乏忍耐力。

（3）黏液质：具有这种气质的人，坚定顽强、沉着踏实、耐心谨慎、自信心足、自制力强；而且善于克制忍让、生活有规律、心境平和，但是却沉默少语、不够灵活、固执拘谨、因循守旧。

（4）抑郁质：具有这种气质的人，对事物敏感、做事谨慎细心、感受能力强、沉静含蓄、办事稳妥可靠、感情深沉持久，但是遇事往往犹豫不决、缺乏信心、多疑、孤僻、拘谨、自卑。

一般来说，大多数人的气质都是属于混合型的，因此在性格上就兼具多种气质的长处与不足。不同气质类型的人，他们最适合从事的工作也是不相同的。因此，要通过员工的气质类型，合理安排工作。

第十二章 绩效考核管理规范化制度

绩效评估的程序

企业进行绩效评估，其基本程序可以分为3个阶段，即准备阶段、评估阶段和整改阶段。

1. 准备阶段

准备阶段的主要任务有3项，即设计评估标准、建立评估组织和准备各类资料。

（1）设计评估标准。

评估标准是进行绩效评估的准则。一般说来，绩效评估的标准即以前制订的各类目标，通过把实际工作情况同各自的目标相比，从而发现问题所在。但仅此还不够，因为有些目标在确定时可能是正确的，但随着环境的变化，这些目标可能已失去先进性或显得过高；有些目标在当时可能就不那么正确，因而必须重新确定标准，以保证在此基础上进行的评估更能符合企业的实际情况。

（2）建立评估组织。

建立评估组织是进行绩效评估的人员准备。参加评估组织的人员不仅要部门全，而且要精干，每个人都必须有扎实的理论基础和丰富的实践经验，基本上都能独当一面。另外，企业最好聘请部分外部专家参与评估工作，以保证评估的客观性。

（3）准备各类资料。

准备资料是进行绩效评估的关键内容，没有资料，评估就无法进行。评估所需要的资料包括纵向资料和横向资料。纵向资料是指企业或行业的相关历史资料，横向资料是指有关竞争对手的资料。所准备的资料既要全面准确，又要有可比性，以便能通过这些资料正确评估企业在运行过程中的成绩与不足。

2. 评估阶段

评估阶段是根据评估标准的要求，对评估的内容逐项进行评价的过程。在此过程中，通常把每一个方面的内容列出许多项目，根据好、中、差的情况由高到低分别打分，然后把各个项目的总分加起来，就可以看出企业在某一方面工作的情况。分数等级和档次可根据各自的具体情况划分。对于非量化的问题，主要从性质上评估，并且要充分认识到这些问题的重要性。

在评估的过程中，一些容易忽略的问题要特别注意。这些问题通常被一些好的表象掩盖，表面看来干得不错，但它的背后却潜伏着危机。因此，发现那些被成绩掩盖着的问题将更困难，也更重要。

评估工作结束以后，要根据评估人员对企业有关情况的调查，进行分析判断，写出评估报告书。评估报告书一般包括评估的概况、企业的现状、取得的成绩、存在的问题和改进方案等几个方面的内容。评估报告书要求主题明确，结构严谨，分析透彻，逻辑性强，评估客观，有理有据。对取得的成绩要给予肯定，对存在的问题要直言不讳。

3. 整改阶段

整改是绩效评估的最后一个阶段，也是评估的目的。企业在运行中总会存在这样那样的问题，企业要通过评估，找出问题，及时纠正，以取得更大的成绩。整改就是实施改善方案的过程。在整改的过程中，市场环境的变化会引起方案的不适应，在这种情况下，要对方案作必要的补充和调整，以适应变化了的市场环境。

员工绩效评估的内容

员工绩效评估是指对员工的工作状况和结果，以及担任更高一级职务的潜力，进行有组织的并且是尽可能客观的考核和评价的过程，简称评估。

管理者在对员工进行绩效评估时，不仅能将员工绩效评估本身当做目的，而且能将其作为一种手段。它的内涵和外延随经营管理的需要而变化。从内涵上来说，员工绩效评估有两层含义：一是考核员工在现任职位上的业绩；二是考核员工的素质和能力，即员工在组织中的相对价值或贡献程度。有目的、有组织地对日常工作中的人员进行观察、记录、分析则属于员工外延的范畴，作为以事实为基础的客观评价的依据。

对员工的绩效评估有正式和非正式两种。正式评估有明确的目的和周密的计划，有一套完整的体系和程序；非正式评估则事先无系统计划，只是上级对员工的口头式的赞扬与鼓励。这里所指的员工绩效评估，是指正式的员工绩效评估。

由于员工绩效评估的目的和范围复杂多样，因此评估的内容也比较复杂，但就其基本方面而言，主要包括德、能、勤、个性、绩5方面的内容。

1. 德

德，主要指员工的思想观念、工作作风、社会道德和职业道德水平。任何企业对德的考核始终是人力资源考核中的首要内容。

2. 能

能包括体能、学识和智能、技能等内容，是指员工从事工作的能力。体能取决于年龄、性别和健康状况等因素，学识包括文化水平、专业知识水平、工作经验等项目，智能包括记忆、分析、综合、判断、创新等能力，技能包括操作、表达、协调等能力。

3. 勤

这里所说的"勤"指一种工作态度，它主要体现在员工日常工作表现上，如工作的积极性、主动性、创造性、努力程度以及出勤率等方面。

4. 个性

个性主要表现为员工的性格、兴趣、爱好等。为了合理安排员工的工作岗位，考查员工的性格、气质、兴趣和习惯等心理特性是必不可少的。个体在心理特性上所表现出来的差异性，往往会导致不同的工作效果。

5. 绩

绩，就是我们所称的绩效，指员工的工作效率及效果。绩效主要包括员工完成工作的数量、质量、成本费用以及为组织作出的其他贡献。绩效是企业对员工的最终期望，是以上4个内容的客观表现，是员工绩效评估最重要的组成部分。

制定考评制度

人力资源部门在完成选取考评内容、制定考评标准、选择考评方法及其他一些相关工作之后，就可以将这些工作成果汇总在一起，制定企业的绩效考评制度，该制度是企业人力资源开发管理关于绩效考评的政策文件。有了绩效考评制度，就代表着企业的绩效考评体系已经建立。

绩效考评制度应该包括考评的目的和用途、考评的原则、考评的一般程序等方面内容，

1. 考评的目的和用途

（1）考评的最终目的是改善员工的工作表现。

（2）考评的结果主要用于工作反馈、报酬管理、职务调整和工作改进。

2.考评的原则

（1）一致性：在一段连续时间之内，考评的内容和标准不能有大的变化，至少应保持一年之内考评的方法具有一致性；

（2）客观性：考评要客观的反映员工的实际情况，避免由于光环效应、偏见等带来的误差；

（3）公平性：对于同一职位的员工使用相同的考评标准；

（4）公开性：员工要知道自己的详细考评结果。

3.考评的内容和分值

（1）考核的内容分以下3部分：

重要任务：本季度内完成的重要工作，考评的工作不超过3个，由任务布置者进行考评；

职位工作：职位职责中描述的工作内容，由直接上级进行考评；

工作态度：指本员工作内的协作精神、积极态度等。由部门内部同事或被服务者进行考评。

（2）分值计算。

原则上，总分满分180分，重要任务满分90分，职位工作、工作态度分别为45分。对于没有"重要任务"项的职位，原则上其他两项的分数乘以200%为总分。

4.考评的一般程序

（1）员工的直接上级为该员工的考评负责人，具体执行考评程序；

（2）员工对"职位工作"和"工作态度"部分进行自评，自评不计入总分；

（3）直接上级一般为该员工的考评负责人；

（4）考评结束时，考评负责人必须与该员工单独进行考评沟通；

（5）具体考评步骤在各职位的考评实施细则中具体规定。

5. 保密

（1）考评结果只对考评负责人、被考评人、人事负责人、（副）总经理公开；

（2）考评结果及考评文件交由人力资源部存档；

（3）任何人不得将考评结果告诉无关人员。

6. 其他事项

（1）公司的绩效考评工作由人力资源部统一负责；

（2）考评每季度进行一次，原则上在3月、6月、9月、12月下旬进行；

（3）考评负责人在第一次开展考评工作前要参加考评培训（由人力资源部组织）；

（4）各岗位的考评实施细则在本制度基础上由人力资源部、考评负责人及被考评人共同制定。

7. 本制度自颁布之日起实行

选择绩效考评者

绩效考评者包括5类人，即直接上级、同级同事、被考评者自身、所管理的下级以及外界的人事考评专家或顾问。

合格的绩效考评者应当满足的条件是：了解被考评者职务的性质、工作内容、要求及考绩标准与公司有关政策；熟悉被考评者本人的工作表现，尤其是本考评周期内的，最好有直接的近距离密切观察其工作的机会；当然此人应当公正客观，不具偏见。

1. 直接上级

直接上级非常符合上述条件中的头两条。授权他们来考评，也是企业组织的期望。他们握有奖惩手段，无此手段的考评便失去了权威。但他们在第三个条件即公正性上不太可靠，因为频繁的日常直接接触，易使考评掺入个人感情色彩。所以有的企业用一组同类部门的干部共同考评彼此的下级，只有都同意的判断才作为结论。

2. 同级同事

同级同事对被考评者的职务最熟悉、最内行，对被评同事的情况往往也很了解。但同事之间必须关系融洽，相互信任，团结一致；相互间有一定交往与协作，而不是各自为战的独立作业。这种办法多用于专业性组织，如大学、医院、科研单位等，企业的专业性很强的部门也可使用；再则是用于考评很难由别人考评的职务，如中层干部。

3. 被考评者本人

这就是常说的自我鉴定。这可使被考评者得以陈述对自身绩效的看法，而他们也的确是最了解自己所作所为的人。自我考评能令被评者感到满意，抵制少，且有利于工作的改进。不过自评时，本人对考评维度及其权重的理解可能与上级不一致，常见的是自我考评的评语优于上级的评语。

4. 直属下级给上级考评

有相当一些人不太主张用此法。这是因为下级若提了上级缺点，怕被记恨而报复，所以只报喜不报忧；下级还易于仅从上级是否照顾自己个人利益判断其好坏，对坚持原则、严格要求而维护企业利益的上级评价不良。对上级来说，常顾虑这种方法会削弱自己的威信与奖惩权；而且知道自己的考评要由下级来做，便可能在管理中缩手缩脚，投鼠忌器，充老好人，尽量少得罪下级，使管理工作受损。

5. 外界考评专家或顾问

这些人有考评方面的专门技术与经验，理论修养也深，而且他们在公司中无个人利害瓜葛，较易做到公允。只是成本较高，而且他们对被考评专业可能不熟悉。

绩效考评的信度与效度

考评要求准确而全面，这就对它的信度与效度提出了要求。

所谓信度是指考评的一致性（不因所用考评方法及考评者的改变而导致不同结果）和稳定性（不长的时间内重复考评所得结果应相同）。影响考评可信度的因素既有情景性的（如考评时机、对比效应等），也有个人性的（考评者的情绪、疲劳程度、健康等），还有绩效定义与考评方法方面的因素（如忽略了某些重要考评维度、各考评者对所考评维度的意义及权重有不同认识、考评方法自身也可能造成差异等）。为了提高可信度，应在考评中对同一维度采用多种方法与角度，或请一个以上的考评者进行多次测评，并应使考评程序与格式尽量标准化。对考评者进行统一的培训，也有助于可信度的改善。

效度则是指考评所获信息与待测评的真正工作绩效间的相关程度。效度差便是无关信息被纳入，有关信息却被忽略了，从而出现文不对题与答非所问的弊端。例如考评设计工程师的工作绩效时，测定他在每月内完成各类图纸的数量多少，就比检查他借阅资料室文献按期归还状况效度高。为了保证考评的高效度，便应选用和设计适当的考评方法，并着重考评具体的、可量化测定的指标，不流于泛泛的一般性评价。所以，培训考评者也很重要。

影响考评的因素，归纳起来共有4方面：

1. 考评者的判断

他们的个人特点，如个性（是否怕伤害别人感情等）、态度（是否视考评为不必要的累赘）、智力（对考评标准、内容与方法的理解与掌握会因之不同）、价值观（如性别、年龄歧视等）和情绪与心境（高昂愉快时考评偏宽，低沉抑郁时偏严）等常对考评有影响。

2. 与被考评者的关系

除考评者与被评者间关系的亲疏、过去的恩怨之外，对被评者的工作情况及其职务特点与要求的了解程度，也对考评结果颇有影响。

3. 考评标准与方法

考评维度选择的恰当性，是否相关和全面，定义是抽象含混还是具体明确，是否传达给被考评者知道，对考评都有影响。

4. 组织条件

企业领导对考评工作的重视与支持；考评制度的正规性与严肃性；对各级主管干部是否进行过考评教育与培训；考评结果是认真分析并用于人事决策，还是考评完便锁进档案文件柜，使考评流于形式；考评是否发扬了民主，让被评者高度参与；所有的考评标准与方法是长期僵守，还是随形势发展而修正、增删与调整等，对考评结果影响很大。

绩效考评结果分析

一、绩效考评结果的分析

绩效考评结果的分析是指通过对考评实施所获得的数据进行汇总、分类，利用概率论、数理统计等方法进行加工、整理，以得出考评结果的过程。

1.考评数据的汇总、分类

考评数据的汇总与分类就是将收集上来的不同考评人员对同一被考评者的考评表进行汇总，然后根据被考评者的特点，对考评结果进行分类。

2.确定权重

权重即加权系数。所谓加权就是强调某一考评指标在整体考评指标中所处的地位和重要程度，或某一考评者在所有考评者中的地位和可信程度，而赋予这一考评指标或者考评者某一特征的过程。特征值通常用数字表示，称为加权系数。加权能够通过确定大小不同的权重，显示各类人员绩效的实际情况，提高考评的信度和效度。

加权系数一般有两种形式：

（1）反映考评指标间彼此重要程度的加权系数。不同的人员其绩效的指标也不相同。如管理人员的绩效可能主要反映在工作过程中，其工作的行为及行为方式最能反映其绩效。相反销售员或一线生产员工，其绩效主要反映在工作成果中，其销售额与生产产品数量最能反映其绩效。因此，只有给予不同的权重（加权系数）才能真实反映员工的绩效。

（2）反映不同考评者之间考评信度的加权系数。如同级考评的结果要比领导考评的结果信度大，领导考评的结果比下级考评的结果信度大。因此，同级考评者考评结果的加权系数要大于领导考评结果的加权系数，领导者考评结果的加权系数要大于下级考评者考评结果的加权系数。

通常确定加权系数的方法有：

（1）经验判断法。即召集有经验的人员共同讨论，依据他们的工作经验来指派权值的方法。这种方法简便易行，但精确性差。

（2）统计分析法。即利用数理统计中正态分布的原理，分析各考评层次的离散度而分配权数的方法。离散度小的考评层次相对来说考评信度高，赋予的权数相应大些；反之，权数应相对小些。

（3）对比评分法。即将考评指标中具有可比性的指标进行分类，然后把同类指标一一对比而加以评分的办法。各指标的累积分值与所有指标的总分值的比就是各指标的加权系数。对比评分法有两种：第一种是0-1评分法，即将指标一一对比，重要的得1分，不重要的得0分；第二种是0-4评分法，即将指标一一对比，特别重要的为4分，不重要的为0分，相对重要的为3分，相对次要的为1分，两者同等重要的各为2分。

二、考评结果的计算

在获得大量考评数据之后，可利用数理统计的方法计算考评结果。一般采用求和、算术平均数等比较简单的数理统计方法。

三、考评结果的表示方法

考评结果的表示方法通常有以下几种：

1. 数字表示法

数字表示法是结果表示的最基本形式。它是直接利用考评结果的分值对被考评者的绩效情况进行描述的方式。这种方式充分利用了数字具有可比性的特性，且具有规格统一、数据量大等特点，并为实现计算机管理创造了条件。但数字描述不够直观，需要和文字描述相结合使用。

2. 文字表达法

文字表达法是用文字描述的形式反映考评结果的方法。它是建立在数字描述基础上的，有较强的直观性，重点突出，内容集中，具有适当的分析性，充分体现了定性与定量相结合的特点。

3. 图线表示法

图线表示法是通过建立直角坐标系，利用已知数据，描绘出图线来表示考评结果的方式。这种方式具有简便、直观、形象、对比性强的特点，适用于人与人之间、个人与群体之间、群体之间、个人或群体与评定标准之间的对比分析。